16.04.89

HEYNE BÜCHER

Zum Geburtstag nachträglich ausgehändigtes nachträgliches Weihnachtsgeschenk.

Irgendwie bin ich etwas …

Ich hoffe, Du hast tro…

daran, und kannst die eine oder andere Anregung gebrauchen.

Viel Spaß

Dein

Matthias

HEYNE KOCHBÜCHER

ESSEN
WIE GOTT IN DEUTSCHLAND

Die deutsche Küche von
12 Meisterköchen
auf neue Art zubereitet

FOLGE 2

WILHELM HEYNE VERLAG
MÜNCHEN

HEYNE KOCHBUCH
Nr. 07/4558

Genehmigte Taschenbuchausgabe
Printed in Germany 1988
Umschlaggestaltung: Atelier Ingrid Schütz
Rezeptzusammenstellung, Köche-Portraits:
Mario Scheuermann
Fotografie: Arnold Zabert, Walter Cimbal
Layout: Clarus Graphik & Design, Hamburg
Satz: TypoBach, München
Druck und Bindung: Appl, Wemding

ISBN 3-453-03085-0

Der Inhalt

Essen – der schönst

»Die Zeiten, da die Bundesrepublik als gastronomisches Entwicklungsland galt, scheinen der Vergangenheit anzugehören... Spätestens seit die Fernsehserie ›Essen wie Gott in Deutschland‹ ein Millionenpublikum ansprach, ist die ›Neue deutsche Küche‹ in aller Munde«, urteilt das »medientelegramm«.

In Deutschlands Küchen ist eine neue Ära angebrochen. Besser, leichter, gesünder – das ist der gemeinsame Nenner, auf den sich diese kulinarische Revolution bringen läßt. Begonnen hatte alles in Deutschland Anfang der 70er Jahre, als Eckart Witzigmann, ein Österreicher, in München das neueröffnete Restaurant »Tantris« übernahm. Bei ihm erlernte eine ganze Generation junger, ehrgeiziger Köche ihr Handwerk und eine neue kulinarische Moral. Andere Spitzenköche folgten Witzigmanns Beispiel.

Inzwischen haben die Superstars der Gourmet-Szene längst ihre Schüler in die heimatlichen Provinzen entlassen. Und dort fand dann eine erstaunliche Wiederentdeckung statt, mit der niemand gerechnet hatte. Die begabten Jungstars besannen sich wieder auf längst vergessene Regionalküchen und verbanden alte Traditionen mit den Erkenntnissen moderner Kochkunst.

Was bedeutet dieser Trend für den ambitionierten Hobby-Koch? Einkauf bester einheimischer Produkte. Produkte, die vor der Haustür wachsen und überall angeboten werden. Produkte, die frisch auf den Tisch kommen. Zubereitung unter Berücksichtigung aller modernen ernährungswissenschaftlichen Erkenntnisse. Das heißt: Kurze, schonende Garzeiten, wo immer sie möglich sind. Sparsamer Gebrauch von Fetten, Anwendung neuer Küchentechniken, optimaler Einsatz von Gewürzen. Denn die Gerichte der Neuen Deutschen Küche sollen herzhaft schmecken wie einst.

~~T~~rend der 80er Jahre

Das Schönste an diesem kulinarischen Trend ist die Tatsache, daß die Köche kein Geheimnis aus ihrer Kunst machen. Nicht nur an Kollegen geben sie bereitwillig ihre Rezepte weiter – die Elite unter ihnen ließ sich bei der Zubereitung ihrer Spezialitäten gerne von der Fernsehkamera auf die Finger sehen.

Essen wie Gott in Deutschland – das sollte nicht das Vorrecht einer kleinen Elite bleiben.

Spitzenköche aus allen Teilen unseres Landes haben dafür Gerichte kreiert – vom kleinen Salatimbiß über den veritablen Sonntagsbraten bis zum delikaten Dessert. Es sind Rezepte für das Essen zu zweit, im Familienkreis oder für ein Feinschmekkerfest unter Freunden.

Wenn Sie danach kochen wollen, brauchen Sie keine Profikenntnisse zu haben – die normale Küchenerfahrung genügt. Die Zubereitungsweise der Gerichte wird genau beschrieben, zum Teil in Schritt-für-Schritt-Fotos verdeutlicht. Die Erklärung fachtechnischer Ausdrücke finden Sie ebenso in dem Kleinen Lexikon am Ende des Buches wie ausführliche Produkt-Informationen.

Die Voraussetzungen sind also ideal, damit das Loblied auf die Neue Deutsche Küche nicht nur von berühmten Solisten vorgetragen wird, sondern vom großen Chor jener, die gern gut essen.

Dieses Buch ist die Fortsetzung zu »Essen wie Gott in Deutschland«, Folge 1, die im Heyne Verlag unter der Nr. 07/4497 erschienen ist und in der bereits 12 Meisterköche und ihre Menüs vorgestellt wurden.

Die Köche und ihre Gerichte

Wenn Sie sich selbst ein Menü zusammenstellen wollen

ESSEN WIE GOTT IN DEUTSCHLAND

Vorspeisen

Hauptspeisen

Nachspeisen

Morsum
Kiel
1
Hamburg
Bremen
Berlin
2
Hannover
3
Senden
Düsseldorf
Kassel
Köln
Aachen
Wiesbaden
Maintal
Coburg
Guldental
Frankfurt
4
Mainz
5
6
Wertheim
Würzburg
7
Wasserliesch
Nürnberg
8
Saarbrücken
Blaufelden
Bühl
Schwäbisch-
Gmünd
Niederaichbach
9
Stuttgart
Baiersbronn
11
Oberbergen
10
München
Freiburg
12
Hergensweiler

Wenn Sie bei den Spitzenköchen einkehren wollen

1. **LE CANARD**
   Josef Viehhauser
   Martinistraße 11
   2000 Hamburg 20

2. **WITTEN'S HOP**
   Andreas Lüssenhop
   Gernsstraße 4
   3000 Hannover 51

3. **AVERBECKS GIEBELHOF**
   Clemens Averbeck
   Kirchstraße 12
   4403 Senden

4. **SCHALLER/COBURGER TOR**
   Ulrich Schaller
   Ketschendorfer Straße 22
   8630 Coburg

5. **LE VAL D'OR**
   Johann Lafer
   Hauptstraße 3
   6531 Guldental

6. **SCHWEIZER STUBEN**
   Dieter Müller
   Geiselbrunnweg 11
   6980 Wertheim

7. **SCHWARZER ADLER**
   Peter Wagner
   Kraftshofer Hauptstraße 166
   8500 Nürnberg

8. **ZUM HIRSCHEN**
   Manfred Kurz
   Hauptstraße 15
   7186 Blaufelden

9. **BAREISS/KURHOTEL MITTELTAL**
   Manfred Schwarz
   Gärtenbühlweg 14
   7292 Baiersbronn

10. **SCHWARZER ADLER**
    Christian Begyn
    Badbergstraße 23
    7818 Oberbergen

11. **TANTRIS**
    Heinz Winkler
    Johann-Fichte-Straße 7
    8000 München 40

12. **STOCKENWEILER**
    Anton Lanz
    An der B 12
    8991 Hergensweiler

JOSEF VIEHHAUSER

Josef Viehhauser zählt zu den herausragenden Persönlichkeiten unter den deutschen Spitzenköchen. Er zeichnet sich durch einen besonders feinen Kochstil, aber auch durch ein gesundes Selbstbewußtsein aus. Schon zu Zeiten, in denen die französische Küche als die Küche schlechthin angesehen wurde, war er davon überzeugt, daß die kulinarischen Kreationen einer Reihe deutscher Köche sich durchaus mit denen der französischen Kollegen messen konnten.

Geboren in Sankt Johann im Pongau, wuchs Viehhauser im Berggasthof seiner Eltern in Kärnten auf. Nach der Ausbildung in Bad Hofgastein folgten Zwischenstationen in München und Düsseldorf, bevor der gerade 26jährige an die Elbe kam. Hier machte er sich Anfang des Jahres 1978 selbständig und eröffnete im Hamburger Stadtteil Eppendorf das Restaurant »Le Canard«.

Viehhauser ist ein Purist. Mit bemerkenswerter Konsequenz hält er sich an die reine Lehre der Neuen Küche - und das in großem Stil mit besten und teuersten Produkten, Soßen von zartester Feinheit und großen Menü-Kompositionen.

Mit nur 28 Plätzen ist es eines der kleinsten, aber auch der feinsten und besten Restaurants in Deutschland. Für Gourmets ist es die exklusive Adresse in Hamburg.

Da der Ruhm von »Le Canard« mittlerweile weit in die Welt hinausgedrungen ist, nicht zuletzt durch die spektakulären Auslandsgastspiele seines Chefs Josef Viehhauser, verkehrt hier ein illustres, internationales Publikum. Dies alles sieht man der unscheinbaren Fassade zwischen einer Pizzeria zur Linken und einem Supermarkt zur Rechten ganz und gar nicht an. Aber drinnen ist alles vom Feinsten: das originelle Design des Innenarchitekten Eric Jakobson, die Weinkarte (eine »Bibel« mit über 700 Positionen) und die Menüs von Josef Viehhauser.

Berühmt wurde Viehhauser durch seine kühnen kulinarischen Kreationen, mit denen er im Laufe der Jahre immer wieder für Furore sorgte: Hummer auf Erdbeercreme, Rieslingsuppe mit Austern, getrüffeltes Kalbshirnsoufflé, Steinbutt auf Roter Bete – das sind Gaumenkitzel, von denen Kenner und Kritiker in höchsten Tönen schwärmen.

Um seine Küche zu beschreiben, muß man Begriffe aus der Malerei benutzten, Begriffe wie »Minimal Art« oder »Neue Sachlichkeit«. Viehhauser verwendet nie mehr als zwei oder drei Produkte für ein Gericht und konzentriert sich auf das Wesentliche des Geschmacks. Das zeigt sich auch in der souveränen Art, wie er den Wein in der Küche einsetzt, ausgesuchte Tropfen, wie sie auch auf seiner Karte stehen. Traminer Beerenauslese von der Mittelhaardt (wegen der Fülle, der Wucht und der edlen Süße geben sie der Truthahnjus ein unverwechselbares Aroma) oder säurebetonte Rüdesheimer Steillagen für Rieslingsuppe oder -soße. »Neben Champagner das beste für eine helle, schaumige Soße.«

Kalbshirnauflauf mit Steinpilzen in Rieslingsoße

16 kleine Steinpilze
250 g enthäutetes Kalbshirn
1 Ei, 2 Eigelb
1/8 l Crème double
1/4 l weißer Geflügelfond (siehe Küchenlexikon)
1/2 Flasche Rheingauer Riesling Spätlese
1/2 l süße Sahne
125 g sehr kalte Butter
Salz, Pfeffer
Muskat

1. Vier schöne Steinpilze für die Garnitur beiseite legen. Die Kappen der übrigen Steinpilze abnehmen, die Stiele sehr fein würfeln.
2. Das Kalbshirn kalt abspülen, grob hacken, mit Salz, Pfeffer und Muskat würzen.
3. Mit Ei, Eigelb und Crème double mischen.
4. Gewürfelte Pilzstiele dazugeben.
5. Die Masse in gebutterte Förmchen füllen. Im Wasserbad zugedeckt 15 Minuten ziehen lassen.
6. Den Geflügelfond mit dem Riesling und 1/4 l Sahne auf die Hälfte einkochen lassen.
7. Inzwischen die beiseite gelegten Steinpilze und die Pilzkappen auf ein Backblech legen und im vorgeheizten Backofen bei 160 Grad ca. 10 Minuten erwärmen.
8. Die Soße mit Salz und frisch gemahlenem Pfeffer abschmecken, mit kalten Butterwürfeln binden.
9. 1/4 l Sahne steif schlagen, vorsichtig unter die Soße ziehen.
10. Die Steinpilzköpfe in Scheiben schneiden und dekorativ auf einem vorgewärmten Teller verteilen. Den Auflauf in die Mitte stürzen, mit Soße umgießen und mit halbierten Steinpilzen garnieren.

Truthahn mit Gewürztraminer

250 g Butter
1 Truthahnbrust von ca. 1 kg (mit Haut, ohne Knochen)
2 Flaschen Pfälzer Gewürztraminer Beerenauslese à 0,7 l
½ l brauner Geflügelfond (siehe Küchenlexikon)
Salz, Pfeffer

1. Butter in einem Topf bei geringer Hitze schmelzen. Einmal aufschäumen lassen, abschöpfen und durch ein Tuch in einen anderen Topf (Bräter) gießen.
2. Die geklärte Butter im Bräter im Backofen auf 250 Grad erhitzen.
3. Die Truthahnbrust salzen und pfeffern. In den heißen Bräter legen und unter Wenden anbraten.
4. Eine halbe Flasche Wein dazugießen.
Die Truthahnbrust alle 10 Minuten mit dem Wein-Butter-Gemisch übergießen. Ist der Wein verdunstet, immer wieder neuen zugießen.
5. Die Truthahnbrust insgesamt ca. 40–50 Minuten braten lassen.
6. Aus dem Backofen nehmen, in Scheiben schneiden und bis zum Servieren heiß stellen.
7. Den Geflügelfond in den Bräter geben und zusammen mit dem Bratensatz auf insgesamt ¼ l Flüssigkeit einkochen lassen.
8. Je vier Scheiben Truthahnbrust auf einem Teller anrichten, Soße angießen und dazu ein Stück Lauchkuchen (siehe Zusatzrezepte) servieren.

Halbgefrorenes von Birnen mit Rote-Bete-Schaum

1 kg reife Birnen
⅛ l Rheingauer Riesling Q.b.A.
⅛ l Mineralwasser ohne Kohlensäure
½ Vanillestange
½ Zimtstange
2 Gewürznelken
Saft von 1 Zitrone
1 Ei, 4 Eigelb
60 g Zucker
¼ l süße Sahne
8 cl Birnengeist

Rote-Bete-Schaum:

⅛ l Rote-Bete-Saft
⅛ l Rieslingsekt
1 Ei, 1 Eigelb
40 g Zucker
Saft von ½ Zitrone
Muskat, roter Pfeffer

1. Die geschälten, halbierten Birnen entkernen.
2. Wein, Mineralwasser, Gewürze und Zitronensaft aufkochen. Die Birnen darin etwa 2 Minuten ziehen lassen.
3. Vier halbe Birnen herausnehmen. Die übrigen Birnen weich kochen und mit der Flüssigkeit im Mixer pürieren.
4. Durch ein Sieb streichen, dickflüssig einkochen und abkühlen lassen.
5. Ei, Eigelb und Zucker im Wasserbad schaumig aufschlagen, herausnehmen und kaltrühren.
6. Sahne steif schlagen. Den Eischaum mit dem Birnenpüree und dem Birnengeist mischen, die Sahne unterheben.
7. In einer Kastenform 6 Stunden gefrieren.
8. Rote-Bete-Saft und Sekt auf ⅛ l einkochen.
9. Mit den übrigen Zutaten im heißen Wasserbad schaumig aufschlagen und alles abschmecken.
10. Das Birneneis stürzen und in Scheiben geschnitten mit dem Rote-Bete-Schaum und aufgefächerten Birnenhälften anrichten.

Lauchkuchen

Für 10 Personen:

300 g Mehl
200 g Butter
1 Ei
1 kg Lauch
50 g feine Speckstreifen
¼ l saure Sahne
⅛ l Vollmilch
2 Eier
½ TL Kümmel
Salz, schwarzer Pfeffer

1. Aus Mehl, Butter, Ei und einer Prise Salz einen Mürbeteig kneten.
2. Kleine Portionsförmchen, ein Backblech oder eine große Springform dünn mit Butter bestreichen.
3. Den Mürbeteig auf einer bemehlten Fläche etwa 2 mm dünn ausrollen.
4. Förmchen, Backblech oder Springform mit dem Teig auskleiden.
5. Lauch putzen, in dünne Ringe schneiden und mit den Speckstreifen auf dem Teigboden verteilen.
6. Saure Sahne, Milch und Eier verquirlen. Mit Kümmel, Salz und Pfeffer würzig abschmecken und dann über den Lauchbelag gießen.
7. Im vorgeheizten Backofen bei 190 Grad Förmchen ca. 20 Minuten, Blech oder Springform ca. 40 Minuten backen.
Zu dem Truthahn mit Gewürztraminer servieren.

Gebackener Seeteufel auf Kartoffelsalat

2 Filets von einem etwa
2 kg schweren Seeteufel
Saft von ½ Zitrone
ca. 1 kg Butterschmalz
250 g Mehl
3 verquirlte Eier
250 g feine Semmelbrösel
Salz

Für den Kartoffelsalat:

1 kg festkochende Kartoffeln (Salatware)
1 TL Kümmel
100 g magerer Speck
12 Schalotten
¼ entfettete Fleischbrühe (siehe Küchenlexikon)
etwas Essig
Salz, weißer Pfeffer

1. Die beiden Seeteufelfilets in etwa 2 cm dicke Scheiben schneiden und ganz vorsichtig klopfen.
2. Leicht salzen und mit Zitronensaft beträufeln.
3. Die gewaschenen Kartoffeln mit dem Kümmel in Salzwasser ca. 20 Minuten kochen, abgießen und schälen.
4. In ca. 3–5 mm dicke Scheiben schneiden, beiseite stellen und abdecken, damit sie warm bleiben.
5. Den Speck und die Schalotten fein würfeln.
6. Die Speckwürfel in einer Pfanne auslassen und die Schalottenwürfel darin andünsten.
7. Mit der Fleischbrühe ablöschen, mit Essig, Salz und frisch gemahlenem Pfeffer abschmekken.
8. So lange einkochen lassen, bis die Salatsoße einen intensiven Geschmack bekommt.
9. Das Butterschmalz auf etwa 150 Grad erhitzen.
10. Die Seeteufelfilets zuerst in Mehl wenden, »dann durch die verquirlten Eier und vorsichtig durch die Semmelbrösel ziehen. Die Panade soll nur locker an den Filets haften.
11. Die panierten Fischstücke in dem heißen Butterschmalz schwimmend in ca. 3–4 Minuten goldbraun ausbacken. Herausnehmen und auf Küchenpapier legen, damit überschüssiges Fett aufgesaugt wird.
12. Die Kartoffelscheiben auf vorgewärmten Tellern anrichten und mit der eingekochten Salatsoße übergießen.
13. Mit gehackter Petersilie bestreuen und die gebackenen Seeteufelstücke darauflegen.

ANDREAS LÜSSENHOP

Daß sich in dem 400 Jahre alten Bauernhaus, das versteckt in einem parkähnlichen Garten des Hannoverschen Stadtteils Bothfeld liegt, ein Restaurant verbirgt, kann man nur ahnen. Inhaber und Küchenchef Andreas Lüssenhop hält nichts von Werbung, es sei denn, es handelt sich um Mundpropaganda. Außer einem kleinen Messingschild an der Haustür gibt es keinen Hinweis auf »Witten's Hop«. Um so größer ist die Überraschung beim Betreten des Gastraumes. Antike Bauernmöbel, alte Kessel und Pfannen, frische Feldblumensträuße schaffen Atmosphäre.

Die Speisekarte richtet sich ausschließlich nach Saisonangeboten. Neben seiner handgeschriebenen Tageskarte bietet Andreas Lüssenhop, der sein Handwerk überwiegend in elsässischen Restaurants erlernt hat, zwei verschiedene Menüs an, ein regionales mit fünf und ein anderes mit acht Gängen. Hier verrät der Küchenchef sein ehrgeiziges Eintreten für die Neue Küche, verleugnet aber keineswegs die regionale Basis. Vom lokalen Markt, von ausgesuchten Lieferanten der Region bezieht Andreas Lüssenhop die meisten seiner Zutaten. Da gibt es selbstverständlich den Rücken von der Heidschnucke, Harzer Käse wird zu einem Auflauf verarbeitet und der altväterliche Buchweizen dient als Grundlage für eine moderne Tortenkomposition.

Andreas Lüssenhop serviert zum Brot Kräuterquark anstatt Butter, und als Gruß der Küche gibt es einen kleinen Zwiebelflan vorweg. Den norddeutschen Charakter betont er mit Gerichten wie Rum-Eis oder Mus vom Räucheraal, und er verwendet gerne ein lokales Altbier für eine Soße. Kräuter und Gemüse zieht er im eigenen Garten, eine eigene Hühnerschar liefert täglich frische Eier.

Ähnlich hält Lüssenhop es mit Wein und Hochprozentigem. Auf seiner mehrmals preisgekrönten Weinkarte findet der Gast alle berühmten Kreszenzen der Welt versammelt, einschließlich der besten Abfüllungen deutscher Weingüter. Auch beim Kochen oder beim Aperitif gibt Lüssenhop meist dem heimischen Produkt den Vorzug – sei es bei einer Süßspeise mit Tresterschnaps oder bei einer Soße mit Trockenbeerenauslese, die der gefüllten Taube als Basis dient.

Eintopf von Schmorgurken mit Liebstöckel und Schweinemettbällchen

500 g Schmorgurken
1 mittelgroße Möhre
1 Stange Lauch
20 g magerer, durchwachsener Speck
75 g geschälte Zwiebeln
20 g Butter
0,3 l Rindfleischbrühe (siehe Küchenlexikon)
200 g mageres Schweinemett und 40 g grüner Speck (beides durch die feine Lochscheibe des Fleischwolfes gedreht)
1 Eigelb
1 kleine gewürfelte Zwiebel
50 g gewürfelter, gekochter Schinkenspeck
1 kleines eingeweichtes Brötchen
1 Zweig frischer Majoran
1 Bund Petersilie
1 Bund Liebstöckel
Muskat
Cayennepfeffer
Salz, weißer Pfeffer

1. Die Schmorgurken mit einem Sparschäler schälen und anschließend mit einem Messer der Länge nach halbieren.
2. Die Kerne mit einem Löffel herausschaben und die entkernten Hälften in ca. ½ cm dicke Scheiben schneiden.
3. Die gesäuberte geputzte Möhre in Scheiben schneiden. Dunkelgrüne Blätter und den Wurzelansatz von der Lauchstange entfernen. Das Weiße vom Lauch in Ringe schneiden.
4. Den durchwachsenen Speck zunächst in dünne Scheiben, dann in Würfel schneiden, die Zwiebel ebenfalls würfeln.
5. Die Butter in einen Schmortopf geben. Bei mittlerer Hitze schmelzen und einmal kurz aufschäumen lassen.
6. Speck- und Zwiebelwürfel in der heißen Butter kurz andünsten und mit der Rindfleischbrühe ablöschen.

7. Die Möhrenscheiben und Lauchringe sowie die Gurkenscheiben in den Topf geben. Zugedeckt bei mittlerer Hitze etwa 25 Minuten leicht köcheln lassen.

8. Schweinemett und Speck, Eigelb, Zwiebel- und Schinkenspeckwürfel, ausgedrücktes Brötchen, Salz, Pfeffer und geschnittene Majoranblätter in eine Schüssel geben.

9. Alles zu einem Fleischteig verarbeiten und abschmecken. Aus diesem Teig nach und nach kleine Mettbällchen formen.

10. Die rohen Mettbällchen auf das Gemüse legen und zugedeckt ca. 5 Minuten gar ziehen lassen. Herausnehmen.

11. Das Schmorgemüse mit Salz, frisch gemahlenem Pfeffer, Muskat und Cayennepfeffer abschmecken. Petersilie und Liebstöckel feinschneiden.

12. Eintopf mit den Mettbällchen anrichten, Petersilie und Liebstöckel darüberstreuen. Dazu Roggen- oder Sonnenblumenkernbrot mit leicht gesalzener Butter reichen.

Heidschnuckenrücken unter der Kräuterkruste

1 große Möhre
½ Sellerieknolle
1 Stange Lauch
2 geschälte Zwiebeln
1 Bund Petersilie
1 TL Wacholderbeeren
2 Lorbeerblätter
1 TL gerebelter Majoran
1 Heidschnuckenrücken (ca. 1,2–1,5 kg von einer ca. 6 Monate alten Heidschnucke; vom Metzger auslösen lassen; ersatzweise Lammrücken kaufen)
je ½ Bund Kerbel, Estragon, Basilikum und Thymian
1 Zweig Rosmarin
250 g Weißbrotbrösel
1 Eigelb
1 Ei
3 EL Öl
Salz, Pfeffer

1. Möhre und Sellerie schälen, waschen und fein würfeln. Lauch putzen, feinschneiden. Zwiebeln fein würfeln. Petersilienstengel feinschneiden, Blätter beiseite legen. Das Gemüse mischen.

2. Wacholderbeeren und Pfefferkörner zerdrücken, Lorbeerblätter grob krümeln und mit Majoran sowie 1 TL Gemüse mischen. Übriges Gemüse abgedeckt aufbewahren.

3. Den sorgfältig von Fett und Sehnen befreiten Heidschnuckenrücken rundherum mit dieser Trockenbeize einreiben.

4. Am besten einen Tag und eine Nacht, also 24 Stunden, durchziehen lassen.

5. Kerbel, Estragon, Basilikum, Thymian, Rosmarin und die Petersilienblätter feinschneiden. Weißbrotbrösel und Eigelb zusammen mit den Kräutern in eine Schüssel geben. 1 Ei zufügen.

6. Die Kräuter, die Brösel, das Eigelb und das Ei mit Salz und frisch gemahlenem Pfeffer würzen. Zu einer dicken Paste verarbeiten.

7. Den Heidschnuckenrücken sorgfältig von der Beize befreien. Die Beize für die Soße (siehe Zusatzrezepte) beiseite stellen.

8. Das Fleisch in heißem Öl von allen Seiten kurz scharf anbraten und auskühlen lassen. Die leicht eingefettete Fettfangschale des Backofens mit der aufbewahrten Gemüsemischung belegen.

9. Den abgekühlten Heidschnuckenrücken rundherum mit der Kräuterpaste bestreichen. Auf das Gemüse in der Fettfangschale legen.

10. Im vorgeheizten Backofen bei 250 Grad ca. 15 Minuten braten. Herausnehmen und ca. 10 Minuten ruhen lassen.

11. Den Heidschnuckenrücken zum Servieren in Scheiben schneiden und auf vorgewärmte Teller verteilen.

12. Mit Buchweizennudeln, Bohnenragout und einer Thymiansoße (siehe Zusatzrezepte) anrichten.

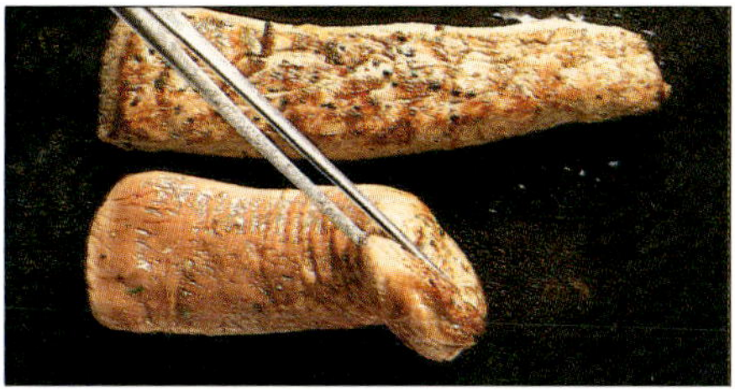

Harzkäseauflauf mit Kümmelschaum

75 g reifer Harzer Käse
¼ l Vollmilch
50 g Butter
50 g Mehl
6 Eier
etwas Butter für die Förmchen
Salz, Pfeffer

1. Den Harzer Käse raspeln oder sehr fein zerkleinern.
2. Die Milch in einen Topf schütten. Je eine Prise Salz und Pfeffer sowie die Butter zugeben und alles aufkochen lassen.
3. Das Mehl auf ein Stück Pergamentpapier sieben. Auf einmal in die kochende Milch hineinschütten, dabei ständig rühren.
4. Die Masse mit einem Holzlöffel so lange rühren, bis sich ein Kloß und auf dem Topfboden ein weißer Belag bildet.

5. Den Topf von der Kochplatte nehmen und schnell ein rohes Eiweiß unter die heiße Masse arbeiten.

6. Den Teigkloß in eine Schüssel geben; nach und nach fünf Eigelb unterrühren, so daß eine geschmeidige Masse entsteht.

7. Den geriebenen Harzer Käse gleichmäßig unterrühren.

8. Fünf Eiweiß sehr steif schlagen, dabei eine Prise Salz einstreuen. Vorsichtig unter die Käsemasse heben.

9. Portionsförmchen ausbuttern und zu ¾ mit der luftigen Auflaufmasse füllen. In einem Wasserbad im vorgeheizten Backofen bei 150 Grad ca. 20 Minuten gar ziehen lassen.

10. Die heißen Förmchen vorsichtig aus dem Ofen nehmen. Auflauf evtl. am Rand mit einem Messer lösen und stürzen.

11. Die einzelnen Portionen auf vorgewärmte Teller setzen und den Kümmelschaum (siehe Zusatzrezepte) angießen.

12. Nach Belieben mit feinen Radieschenstreifen, Schnittlauchröllchen und einigen Kümmelkörnern dekorativ anrichten.

Ragout aus dreierlei Bohnen

50 g Löchtebohnen (eine im Raum Hannover beliebte Sorte) oder andere weiße Bohnenkerne, über Nacht in kaltem Wasser eingeweicht
50 g frische Dicke Bohnenkerne
50 g Prinzeßbohnen
¾ l Gemüsebrühe (siehe Küchenlexikon)
20 g durchwachsener gewürfelter Speck
1 gewürfelte Zwiebel
1 EL Butter
frisches Bohnenkraut
Muskat
Salz, Pfeffer

1. Abgetropfte Löchtebohnen in ¼ l Gemüsebrühe ca. 20–30 Minuten weich kochen.
2. Dicke Bohnen für 1 Minute in kochendes Wasser geben, abgießen, kalt abschrecken und von der festen Schale befreien. In ¼ l Gemüsebrühe 2 Minuten garen.
3. Die Prinzeßbohnen ca. 3 Minuten in ¼ l Gemüsebrühe garen.
4. Speck- und Zwiebelwürfel in heißer Butter andünsten.
5. Alle gegarten, abgetropften Bohnen zugeben und mit Salz, Pfeffer und Muskat würzen. Mit Bohnenkraut bestreuen.

Buchweizennudeln

100 g Buchweizenmehl
100 g Weizenmehl
2 Eier
1 TL Speiseöl
2 EL Butter
Salz

1. Die gesiebten Mehle in einer Schüssel mit Eiern, Öl und einer Prise Salz zu einem geschmeidigen Teig verkneten.
2. Zugedeckt etwa 30 Minuten ruhen lassen.
3. Den Teig zum Entspannen mehrmals durch die glatte Walze einer Nudelmaschine geben oder mit einem Nudelholz ausrollen. Den Teig wieder zusammenfalten und nochmals ausrollen. Diesen Vorgang 3–4 Mal wiederholen.
4. Teig hauchdünn ausrollen, mit Mehl bestäuben und fest zu einer Rolle aufwickeln. Scheiben von gewünschter Nudelbreite abschneiden.
5. Abrollen und in reichlich kochendem Salzwasser, dem 1 EL Öl zugegeben wurde, 1–2 Minuten kochen lassen.
6. Nudeln in ein Sieb schütten, kalt abbrausen und vor dem Servieren in heißer Butter schwenken.

Thymiansoße

Trockenbeize und grob zerhackte Knochen vom Heidschnuckenrücken
1 EL Öl
¾ l Wasser
150 g kalte Butter
Salz, Pfeffer
frischen Thymian

1. Trockenbeize und zerhackte Knochen in 1 EL Öl braun anrösten.
2. Mit Wasser ablöschen und aufkochen.
3. Im offenen Topf bei geringer Hitze ca. 1½ bis 2 Stunden köcheln lassen.
4. Durch ein mit einem Tuch ausgelegtes Sieb in einen kleinen Topf gießen und erneut aufkochen.
5. Etwa auf 0,1 l Menge einkochen lassen.
6. Nach und nach die kalte Butter flöckchenweise unter die Soße schlagen.
7. Soße abschmecken, frische Thymianblättchen zugeben.

Kümmelschaum

0,3 l trockener Weißwein
½ TL zerstoßener Kümmel
½ TL getrockneter Fenchel
10 Pfefferkörner
3 Pimentkörner
½ Lorbeerblatt
3 Eigelb
20 g kalte Butter
Salz, Pfeffer

1. Den Weißwein mit den Gewürzzutaten in einem Topf aufkochen. Bis auf ein Drittel der Menge einkochen lassen.
2. Durch ein mit einem Tuch ausgelegtes Sieb schütten.
3. Eigelb zugeben und in einem heißen, nicht kochenden Wasserbad zu einem luftig-dicklichen Schaum aufschlagen.
4. Mit Salz und Pfeffer abschmecken und die kalte Butter flöckchenweise unterrühren.

CLEMENS AVERBECK

Ottmarsbocholt, ein kleines Dorf südlich von Münster, ist nicht gerade der Platz, an dem man ein hochkarätiges Feinschmeckerrestaurant suchen würde. Wäre nicht die moderne, eigenwillige Klinkerarchitektur, würde man »Averbeck's Giebelhof« dem Namen nach für ein ländliches Gasthaus halten, in dem den Wanderer Speckpfannkuchen und Altbierbowle erwarten. Dem ist nicht so! Hier wird Gourmet-Küche auf höchstem Niveau geboten, und das Publikum strömt aus allen Teilen des Landes hierher.

Die glückliche Kombination von Talent, erstklassiger Ausbildung und Familiensinn machte diesen Erfolg möglich. Da ist zunächst die Mutter, die Bau und Einrichtung samt Weinkeller finanzierte. Sie fand zwei Architekten, die eine eigenwillige Giebelarchitektur schufen, welche dem Haus den Namen gab. Darüber hinaus kreierten sie ein außergewöhnliches Ambiente: ländlich-luxuriös mit feinsten Materialien, viel Raum und modernster Lichttechnik.

Unter den deutschen Spitzenrestaurants ist der »Giebelhof« eines der schönsten; seine Crew ist eine der jüngsten. Die beiden Junioren, Hildegard und Clemens Averbeck, lernten ihr Handwerk in einigen der besten Hotels und Restaurants Europas. Er hat bei »Krautkrämer« in Münster gelernt. Von da ging es nach Hamburg ins Atlantic, nach Davos ins Belvedère und in den Quellenhof in Bad Ragaz. Später kochte er unter anderem bei Michel Rostang und bei Roger Lamazère. Sie holte sich nach der Ausbildung in Schloß Hugenpoet Frankreicherfahrung in der »Hostellerie du Château« in Fère-en-Tardenois und dann im Aachener »Gala« jenen unnachahmlichen letzten Schliff, den man wohl nur dort bekommen kann. Mit ihrer charmanten Art, die sie im Umgang mit Gästen pflegt, verbunden mit beachtlichem Fachwissen und einer Akkuratesse im Handwerk, wie man sie nur selten zu sehen bekommt, setzt sie das I-Tüpfelchen auf die kulinarischen Leistungen ihres Bruders, der auf höchstem Niveau kocht.

Es gibt nur wenige Küchen, in denen so sorgfältig auf den Punkt gegart und das Betonen des Eigenaromas zum handwerklichen Leitsatz erhoben wird. Dazu kommt noch eine sensible, Farben und Formen bewußt einsetzende Optik beim Anrichten. »Wenn ich schon in der Küche arbeite«, so der junge Patron, »muß es wenigstens kreativ und abwechslungsreich sein; da muß ich meine Erfüllung finden.« Offensichtlich gelingt es ihm, diesen Spaß am eigenen Tun auf seine Gäste zu übertragen.

Gefüllte Kohlköpfchen

250 g Kalbsbries
1 Lorbeerblatt
1 Gewürznelke
2 EL Butter
1 kleiner Wirsingkohl
125 g Tomaten
200 g Champignons
⅛ l Geflügelfond
(siehe Küchenlexikon)
50 g Schalotten
5 EL trockener Weißwein
100 g kalte Butter
½ Bund Schnittlauch
Salz, Pfeffer

1. Häutchen und harte Stellen vom Kalbsbries sorgfältig entfernen.
2. Das Bries in reichlich kaltes Wasser legen und mindestens 6 Stunden wässern, damit es weiß wird. Das Wasser mehrmals wechseln.
3. Bries abspülen, mit Lorbeerblatt und Gewürznelke in kochendes Salzwasser geben.
4. Topf von der Kochstelle nehmen. Bries 2 Minuten ziehen lassen.
5. Herausnehmen und in kaltem Wasser abkühlen.
6. Abgetropftes Bries in kleine Stücke zupfen.
7. In 1 EL heißer Butter 1 Minute anbraten.
8. Vier große Wirsingblätter ablösen, 1 Minute in Salzwasser kochen und kalt abschrecken.
9. Dicke Rippen der Blätter herausschneiden.
10. Übrigen Wirsing (Strunk entfernen) klein würfeln. Ebenfalls 1 Minute kochen, abschrecken, abtropfen lassen.
11. Tomaten mit kochendem Wasser überbrühen, kalt abschrecken, häuten, halbieren und entkernen.

12. Tomatenhälften fein würfeln, 1 El davon für die Soße beiseite stellen.
13. Geputzte Pilze würfeln und in 1 EL Butter 1 Minute anbraten.
14. Bries, Wirsing-, Tomaten- und Champignonwürfel miteinander mischen, mit Salz und Pfeffer abschmecken.
15. Eine Suppenkelle mit einem sauberen Tuch auslegen. Ein Wirsingblatt hineinlegen und ¼ der Wirsing-Bries-Mischung einfüllen (Foto 1).
16. Überstehendes Wirsingblatt bis auf 2 cm abschneiden.
17. Das Tuch oben zusammenlegen und durch Drehen ein Bällchen formen (Foto 2). Übrige Wirsingbällchen ebenso zubereiten. In einen Topf setzen, Geflügelfond aufgießen. Alles leicht salzen, pfeffern und aufkochen lassen (Foto 3).
18. Zugedeckt im vorgeheizten Backofen bei 175 Grad ca. 20 Minuten gar ziehen lassen.
19. Schalotten fein würfeln; mit dem Weißwein so lange kochen, bis die Flüssigkeit verdampft ist.
20. Die Wirsingbällchen aus dem Ofen nehmen. Schmorflüssigkeit durch ein Sieb gießen und zu den Schalotten geben.
21. Etwa zur Hälfte einkochen lassen. Soße nach und nach mit Butterflöckchen binden. Mit wenig Salz und Pfeffer würzen.
22. Schnittlauchröllchen und übrige Tomatenwürfel zur Soße geben. Alles anrichten (Foto 4).

Ochsenlende mit Brotsoße

800 g Rinderfilet (Mittelstück)
1,5 kg rote Zwiebeln
1,5 l Fleischbrühe (siehe Küchenlexikon)
600 g Kartoffeln
500 g Möhren
1 kleiner Wirsingkohl
1 Lorbeerblatt
1 Gewürznelke
30 g trockenes, geriebenes Weißbrot
etwas Zitronensaft
evtl. etwas Petersilie
2 EL geschlagene Sahne
Salz (grobes Meersalz)
Pfeffer

1. Rinderfilet sorgfältig von Häutchen und Sehnen befreien.
2. Geschälte Zwiebeln in ½ l Fleischbrühe ca. 60 Minuten weich kochen.
3. In ein Sieb schütten, abtropfen lassen und grob zerkleinern (Foto 1).
4. Mit einem Pürierstab oder in einem Mixer pürieren und durch ein Sieb streichen.
5. In einen kleinen Topf geben und einkochen, bis die Flüssigkeit verdampft ist. Warm stellen.
6. Kartoffeln und Möhren schälen, waschen und in Form schnitzen.
7. Wirsing putzen und in feine Streifen schneiden.

und Zwiebelmus

10. Fleisch und Gemüse aus der Brühe heben, auf einer vorgewärmten Platte warm stellen.
11. Die Hälfte der Brühe mit Lorbeer und Gewürznelke aufkochen, durch ein Sieb gießen und mit dem geriebenen Weißbrot sämig binden.
12. Kräftig mit Pfeffer, Zitronensaft und nach Belieben mit gehackter Petersilie abschmecken.
13. Zwiebelmus noch einmal kurz durchrühren und die geschlagene Sahne unterheben.
14. Fleisch in Scheiben schneiden und mit etwas Kochflüssigkeit in tiefe Teller geben. Mit etwas grobem Salz bestreuen und rundherum mit dem Gemüse, der Brotsoße und dem Zwiebelmus anrichten (Foto 4).

8. 1 l Fleischbrühe aufkochen, das Rinderfilet hineinlegen (Foto 2) und bei geringer Hitze ca. 20 Minuten gar ziehen lassen.

9. Nach 10 Minuten Kartoffeln und Möhren zugeben (Foto 3); Wirsingstreifen nur 2 Minuten mitgaren – das Gemüse soll knackig bleiben.

Gravensteiner Apfelsuppe

1 kg Gravensteiner Äpfel
⅛ l Rotwein
1 l trockener Weißwein
200 g Zucker
1 Stange Zimt
1 Gewürznelke
4 Eiweiß
30 g Sago
4 cl Apfelschnaps
einige frische Pfefferminzblättchen
50 g Crème double

1. Für die Suppeneinlage zwei Äpfel schälen und mit einem kleinen Kugelausstecher aus dem Fruchtfleisch Kugeln herausstechen.
2. Rotwein in einem kleinen Topf aufkochen, über die Apfelkugeln geben (Foto 1) und alles abkühlen lassen. Die Kugeln zwei Tage in dem Rotwein abgedeckt im Kühlschrank durchziehen lassen.

3. Übrige ungeschälte Äpfel waschen, vierteln, entkernen und in Würfel schneiden. Die Reste der ausgestochenen Äpfel ebenfalls würfeln.

4. Mit Weißwein, Zucker, Zimt, Gewürznelke, aufgeschlagenem Eiweiß und Sago mischen (Foto 2). In einem Topf bei mittlerer Hitze langsam aufkochen.

7. Die Suppe mit den abgetropften, gut trockengetupften Apfelkugeln, Minzblättchen, Crème double, Rumrosinen (Rosinen kurz mit wenig Rum aufkochen, abkühlen) und Gewürzkuchen (siehe Zusatzrezepte) anrichten (Foto 4) oder die Suppeneinlage separat dazu servieren.

5. Bei geringer Hitze zugedeckt etwa 1 Stunde ziehen lassen. Durch ein mit einem Tuch ausgelegtes Sieb gießen (Foto 3). Tuch gut ausdrücken.

6. Die heiße Suppe mit dem Apfelschnaps abschmecken.

Gewürzkuchen

50 g Zucker
½ Päckchen Vanillezucker
60 g Butter
3 Eigelb
60 g geriebene Schokolade
je 1 Msp Zimt und Anis
4 cl Rum
3 Eiweiß
80 g grob gemahlene Mandeln
75 g geriebener Zwieback
1 Prise Salz

1. Zucker, Vanillezucker und Butter schaumig rühren, bis sich der Zucker völlig aufgelöst hat.
2. Ein Eigelb nach dem anderen unterrühren.
3. Geriebene Schokolade, Zimt, Anis und Rum ebenfalls unterrühren.
4. Eiweiß steif schlagen. Eine Prise Salz zugeben.
5. Eischnee, Mandeln und geriebenen Zwieback vorsichtig unter den Teig heben.
6. Die Masse in eine ausgebutterte Spring- oder Rehrückenform füllen.
7. Im vorgeheizten Backofen bei 180 Grad ca. 45 Minuten backen.
8. Den gebackenen Kuchen stürzen und auf einem Kuchengitter auskühlen lassen. In mundgerechte Stücke schneiden und zur Apfelsuppe servieren. Der Gewürzkuchen schmeckt am besten, wenn er zwei bis drei Tage alt ist.

Gemüsesuppe mit Schinkenklößchen

1 Suppenhuhn (Brustfleisch beim Einkauf auslösen lassen)
2 l Wasser
1 Lorbeerblatt
3 Gewürznelken
2 Stangen Lauch
4 Möhren
4 weiße Rübchen
100 g Schneidebohnen
8 Frühlingszwiebeln
400 g vorwiegend festkochende Kartoffeln
1 Eiweiß
100 g Crème fraîche
50 g roher, westfälischer Schinken
1 Bund Liebstöckel
Muskat
Salz, Pfeffer

1. Das Brustfleisch in kleine Würfel schneiden und kühl stellen. Übriges Suppenhuhn mit dem Wasser aufkochen.
2. Im offenen Topf ca. 2½ Stunden bei geringer Hitze köcheln lassen.
3. Nach 1 Stunde etwas Salz, Pfeffer, Lorbeer und Nelken zugeben.
4. Das geputzte Gemüse feinschneiden.
5. Das kalte Brustfleisch mit einem Pürierstab oder in einem Zerkleinerer pürieren und durch ein Sieb streichen.
Die Schüssel mit dem Püree in eine Schale mit Eiswürfeln stellen.
6. Das Püree leicht salzen, pfeffern und mit dem Eiweiß verrühren.
7. Crème fraîche untermischen und den in Würfel geschnittenen Schinken unterheben. Mit Muskat, Salz und Pfeffer abschmecken.
8. Die Suppe durch ein mit einem Tuch ausgelegtes Sieb schütten. Die Brühe erneut aufkochen, das Gemüse darin 10–15 Minuten knackig garen. Herausnehmen und beiseite stellen.
9. Mit zwei Teelöffeln von der Geflügel-Schinken-Masse kleine Klößchen abstechen und in der heißen, nicht kochenden Brühe 6–8 Minuten gar ziehen lassen.
10. Herausheben, abtropfen lassen und die Brühe erneut durch ein Tuch gießen. Fettschicht abschöpfen. Übriges Fett mit Küchenpapier absaugen und die Brühe abschmecken.
11. Die Suppe mit dem Gemüse und den Klößchen anrichten. Reichlich gehackten Liebstökkel darüberstreuen.
Nach Belieben kann man noch einen Eßlöffel Crème fraîche hineingeben.

ULRICH SCHALLER

Im nördlichsten Zipfel Bayerns, im Schatten der ehemaligen herzoglichen Veste Coburg, betreibt Ulrich Schaller ein Restaurant, dessen Speisenangebot als Vorbild und Richtschnur für jeden dienen kann, der einen Weg zwischen neuer und traditioneller Küche sucht. In einer so abgelegenen Ecke des Landes kann man nicht von eigens angereisten Feinschmeckern allein leben. Hier herrscht der Alltag, und die kulinarischen Uhren gehen anders als in den Metropolen.

Schaller hat begriffen, daß der Mensch zweierlei Nahrung braucht. Zum Mittag eher mal das Herzhafte, das Tellergericht mit regionalem Einschlag, eine Art gehobener Vesper. Da zaubert der engagierte Küchenmeister, für den Beruf und Hobby eins sind, kleine Tagesmenüs nach der althergebrachten Faustregel Vorspeise, Hauptgang, Dessert. Regionale Gerichte kommen hier zum Zuge – Rinderzunge, Bubespitzle, eine geschälte Haxe.

Doch auch dies wird leicht und modern gekocht und mit viel Liebe auf den Tellern dekoriert. Dem Patron ist der Mittagstisch der Geschäftsleute genauso heilig wie die hohen kulinarischen Ansprüche der Gourmets, die vorwiegend am Abend zu ihm kommen. Abends dagegen dominiert die feine Küche, leicht phantasievoll und optisch brillant angerichtet. Da kommt Schallers kulinarische Phantasie zum Ausdruck mit originellen Kreationen wie »Drei Fische im Mantel« oder »Steinbutt auf Currycrème«, die höchstes handwerkliches Geschick und Aufmerksamkeit erfordern.

Diese Zweigleisigkeit hat ihm den Erfolg gebracht: Lob von kritischen Reiseführern, die schon so manchen Gast Schallers wegen nach Coburg gebracht haben, und Anerkennung von den Einheimischen, die ihn als Aushängeschild und Werbeträger sehen.

Thüringer Bratwursttorte

250 g Mehl
125 g Butter
5 cl Wasser
4 rohe, ungebrühte Thüringer Bratwürste (möglichst als Bratwurstschnecke bestellen)
3 Brötchen ohne Rinde
⅛ l Vollmilch
1 gewürfelte Zwiebel
½ kleine gehackte Knoblauchzehe
2 EL Butter
2 Eier
etwas abgeriebene Schale einer unbehandelten Zitrone
etwas Majoran
Muskat
Salz, Pfeffer

1. Gesiebtes Mehl mit der weichen Butter, Wasser und einer Prise Salz schnell zu einem Teig verkneten und eine Stunde kühl stellen. Die Bratwurstschnecke von beiden Seiten kurz anbraten und abkühlen lassen. Entrindete Brötchen in der Milch einweichen.

2. Zwiebel- und Knoblauchwürfel in 1 EL Butter glasig dünsten. Mit den eingeweichten Brötchen, den Eiern, der Zitronenschale, Majoran, Salz, Pfeffer und Muskat vermengen, abschmecken.
3. Eine Springform (16 cm Ø) ausbuttern. Eine Hälfte des Teiges ca. 3 mm dünn ausrollen, in die Form legen und am Rand etwas hochziehen.
4. Die Bratwurstschnecke darauflegen.
5. Die Brötchen-Eier-Masse daraufstreichen.
6. Den übrigen Teig in Springformgröße ausrollen und in der Mitte ein Loch (ca. 2 cm Ø) ausstechen.
7. Teigdeckel auflegen, evtl. mit Teigresten verzieren und mit Eigelb bepinseln. Im vorgeheizten Backofen bei 180 Grad ca. 25 Minuten backen.

Schweinefilets in Mangold

2 Schweinefilets à 300 g (ohne Spitzen, Haut und Sehnen)
4 EL Öl
4 große Mangoldblätter
etwas Essig
120 g Graubrot ohne Rinde
1 Msp gemahlene Gewürznelken
12 zerdrückte Wacholderbeeren
½ TL Zucker
2 EL flüssige Butter
Salz, Pfeffer

1. Schweinefilets mit Salz und Pfeffer würzen. In 2 EL heißem Öl rundherum kurz anbraten, herausnehmen und auskühlen lassen.
2. Die Mangoldblätter in kochendes Essigwasser schütten, kurz aufwallen lassen, kalt abschrecken und gut trockentupfen.

3. Zerkrümeltes Graubrot durch ein Sieb streichen.
4. Mit Nelken, Wacholderbeeren, Zimt, Zucker und einer Prise Salz mischen. Flüssige Butter unterrühren, so daß Streusel entstehen.
5. Die Mangoldblätter ausbreiten und die Brotstreusel darübergeben.
6. Schweinefilets darauflegen und in die Mangoldblätter einhüllen.
7. Die eingehüllten Filets in dem übrigen Öl kurz rundherum anbraten und im vorgeheizten Backofen bei 160 Grad ca. 8–10 Minuten weiterbraten. Aus dem Ofen nehmen und 5 Minuten ruhen lassen. Mit Rauchbierschaum und gefüllten, gebackenen Kartoffeln (siehe Zusatzrezepte) servieren.

200 g Zucker
5 cl Milch
3 Eier
3 Eigelb
je 50 g Korinthen, Rosinen, gewürfeltes Orangeat und Zitronat sowie gehobelte Mandeln
¾ l süße Sahne
1 TL Lebkuchengewürz
etwas Puderzucker und Kakao zum Bestäuben

1 kg Hagebutten
200 g Zucker
¼ l Wasser
2 EL Hagebutten-konfitüre

1. Den Zucker in einem Topf bei mittlerer Hitze schmelzen lassen.
2. Unter Rühren mit einem Löffel goldbraun karamelisieren lassen. Den Topf vom Herd nehmen und den karamelisierten Zucker etwas abkühlen lassen.
3. Dann die Milch dazugeben und bei geringer Hitze so lange kochen, bis der Karamelzucker völlig aufgeslöst ist.
4. Eier und Eigelb in ein wasserbadgeeignetes Gefäß geben. Nach und nach die Karamelflüssigkeit zugießen.
5. Im Wasserbad zu einer dicklich-schaumigen Masse aufschlagen.
6. Aus dem Wasserbad nehmen und in eine Schüssel mit kaltem Wasser (möglichst mit Eiswürfeln) stellen. So lange rühren, bis die Eischaummasse völlig abgekühlt ist.
7. Korinthen, Rosinen, Orangeat, Zitronat und gehobelte Mandeln abmessen und in ein Sieb schütten.
8. Alles waschen und gut abtropfen lassen.
9. Sahne steif schlagen.

Winterlicher Eisstollen

10. Das Lebkuchengewürz zu der abgekühlten Eischaummasse geben und unterrühren.
11. Die steif geschlagene Sahne unterheben.
12. Korinthen, Rosinen, Orangeat, Zitronat und gehobelte Mandeln ebenfalls unterheben, evtl. nochmals mit Lebkuchengewürz abschmecken.
13. Eine Stollen- oder Kastenform mit Aluminiumfolie auskleiden.
14. Die Stollenmasse in die Form füllen, glattstreichen und die Form verschließen (Kastenform mit Aluminiumfolie verschließen). Für 6 Stunden in das Gefriergerät stellen.
Vor dem Servieren stürzen und vorsichtig die Aluminiumfolie abziehen. Den Eisstollen mit Kakaopulver und Puderzucker bestäuben, in Scheiben schneiden und anrichten.

HAGEBUTTENSOSSE
1. Hagebutten waschen, halbieren, Kerne und Fasern entfernen. Nochmals gründlich waschen.
2. Zucker und Wasser zum Kochen bringen. Hagebuttenschalen zugeben. Zugedeckt bei geringer Hitze ca. 45 Minuten kochen.
3. Einige schöne Hagebuttenstücke für die Garnitur heraussuchen, den Rest mit Hagebuttenkonfitüre pürieren. Durch ein Sieb streichen. Eventuell mit ein paar Tropfen Zitronensaft abschmecken.

mit Hagebuttensoße

Gefüllte gebackene Kartoffeln

8 gleichmäßig große, vorwiegend festkochende Kartoffeln
1 Bund Schnittlauch
50 g gekochter Schinken
1 Eigelb
Salz, Pfeffer

1. Geschälte Kartoffeln in leicht gesalzenem Wasser 15 Minuten kochen.
2. Den Schnittlauch in feine Röllchen schneiden, den Schinken fein würfeln.
3. Die abgegossenen Kartoffeln mit einem Kugelausstecher aushöhlen, so daß ein dünner Rand zurückbleibt.
4. Das Kartoffelinnere zu einem Püree verarbeiten. Mit den Schnittlauchröllchen und den Schinkenwürfeln vermischen.
5. Mit Salz und Pfeffer würzen und in einen Spritzbeutel geben.
6. Die Füllung in die ausgehöhlten Kartoffeln spritzen, mit verquirltem Eigelb bestreichen. Im vorgeheizten Backofen bei 160 Grad ca. 8–10 Minuten überbacken.

Rauchbierschaum

½ l Rauchbier oder Dunkelbier
3 Eigelb
etwas Zitronensaft
Salz, Pfeffer

1. Rauchbier aufkochen und auf etwa ¼ l einkochen lassen.
2. Mit dem Eigelb in einem heißen Wasserbad schaumig aufschlagen und mit Zitronensaft, Salz und Pfeffer abschmecken.

Birnenstrudel

250 g Mehl
1 Ei
20 g Butter
7 EL lauwarmes Wasser
9 mittelgroße Birnen
200 g Rosinen
200 g gehobelte Mandeln
150 g Zucker
1 Zitrone
4 cl Birnengeist
100 g zerlassene Butter
50 g Zimtzucker (1 TL Zimt unter 50 g Zucker mischen)
3 EL Semmelbrösel

Außerdem:

100 g zerlassene Butter zum Bestreichen
50 g Puderzucker
90 g gehobelte Mandeln
0,3 l Schokoladensoße (siehe Küchenlexikon)
1 Spritzer Weinbrand

1. Mehl, Ei, Butter und Wasser schnell zu einem Teig verkneten und 1 Stunde kühl stellen.
2. Birnen schälen, vierteln, entkernen und in feine Stücke schneiden.
3. Mit Rosinen, gehobelten Mandeln, Zucker, Zitronensaft und Birnengeist vermischen. Ebenfalls kühl stellen.
4. Den Strudelteig auf einem bemehlten Küchentuch dünn ausrollen und mit bemehlten Handrücken von der Mitte aus ca. 70 x 70 cm ausziehen. Der Teig muß fast durchsichtig sein.
5. Zerlassene Butter, Zimtzucker und Semmelbrösel mischen.
6. Auf dem ausgezogenen Strudelteig verteilen und mit der Birnenmischung bestreuen.
7. Den Strudel wie eine Roulade aufwickeln und auf ein gefettetes Backblech setzen.
8. Bei 180 Grad im vorgeheizten Backofen ca. 25–30 Minuten backen und während der Backzeit mit zerlassener Butter bestreichen.
9. Das Backblech aus dem Backofen nehmen und den Strudel mit der Hälfte des Puderzuckers bestäuben.
10. Die gehobelten Mandeln in einer Pfanne braun anrösten und mit dem übrigen Puderzucker mischen.
11. Den Strudel in Scheiben schneiden. Auf warmer Schokoladensoße, die mit etwas Weinbrand abgeschmeckt wurde, mit den angerösteten Mandeln anrichten.

JOHANN LAFER

Erfahrene Feinschmecker halten den Österreicher Johann Lafer für den besten Pâtissier unter den deutschen Küchenchefs. Das ist sicher richtig, aber es ist nur die eine gute Seite dieses hochbegabten jungen Kochs. Er steht im Guldental, in der Nähe von Bad Kreuznach, am Herd des Restaurants »Le Val d'Or«. Seit er hier arbeitet, wurde das Lokal, das der ehemaligen Weinkönigin Silvia Buchholz gehört, zu einer Art Feinschmeckertreffpunkt auf dem Lande. Kein Wunder, hat Lafer doch eine Bilderbuch-Karriere hinter sich gebracht, ehe er den Weg in die rheinland-pfälzische Provinz fand.

Lafer kann mit einer Ausbildung aufwarten, die ihresgleichen sucht. Nach einer Lehre im Gösserbräu in Graz betrieb er seine Studien und Praktika nur in ausgesuchten Häusern. So unter anderem bei den Meistern der Neuen Deutschen Küche: Er arbeitete mit Josef Viehhauser im »Le Canard« in Hamburg, bei den Müllers der »Schweizer Stuben« in Wertheim, in Witzigmanns »Aubergine« in München. Die Hohe Schule der

Zuckerbäckerei erlernte er bei dem international bekannten Konditor Gaston Lenôtre in Paris, in dessen Restaurant »Pré Catelan« sowie in der Lenôtre-Fabrikation in Plaisir.
Schon sehr früh hatte Johann Lafer sein Talent für die Zubereitung von Süßspeisen entdeckt. Seiner Mutter, einer gelernten Köchin, durfte er bereits in sehr jungen Jahren in der Küche helfen. Er verwendet gern ihre Rezepte, wandelt sie aber zeitgemäß ab. In ein Kochbuch schaut er kaum. »Das kann doch jeder«, sagt das kreative Küchen- und Dessert-Genie, »ich erfinde lieber selbst.«
Auch die Gäste des Restaurants »Le Val d'Or« haben sein beispielloses Talent, wohltuend ergänzt von unermüdlichem Fleiß und kreativem Ehrgeiz, längst bemerkt. Es gibt viele Gäste, die ausschließlich wegen der süßen Köstlichkeiten nach Guldental kommen. Natürlich kann Johann Lafer auch feinste Vorspeisen zubereiten, ebenso wie exzellente Fisch- oder Fleischgerichte. Typisch für ihn ist, daß er seine Kreationen nicht mit französischen Bezeichnungen schmückt. Er nennt die Gerichte beim deutschen Namen und folgt damit dem Trend, der sich in guten deutschen Restaurants mehr und mehr durchsetzt.
Lafers Küche ist phantasievoll, modern, kreativ. Aber er verachtet auch die regionalen Eigenarten nicht. Sie gehören für ihn – genau wie Großmutters Einmachrezepte – zum selbstverständlichen Handwerk. Die süßsauer eingelegten Gurken zur geräucherten Gänsebrust sind ein gutes Beispiel für diese von Tradition inspirierte Neue Küche.

Geräucherte Gänsebrust

200 g geräucherte Gänsebrust
5 EL Weißweinessig
9 EL Olivenöl
1 Spritzer Zitronensaft
je 1 gehäufter EL geputzte und sehr fein gewürfelte Möhre, Zucchini, Sellerieknolle, Kohlrabi, rote und grüne Paprikaschote
100 g verschiedene Salate (Frisée-, Eichblatt- und Feldsalat)
4 kleine Tomaten
4 gekochte Wachteleier
4 Zweige Kerbel
Salz, Pfeffer

1. Die Gänsebrust fest in Klarsichtfolie einwickeln und 3 Stunden im Gefriergerät anfrieren lassen.
2. Essig mit Salz, frisch gemahlenem Pfeffer, Öl und Zitronensaft verrühren. Gemüsewürfel dazugeben und damit vermischen.
3. Verlesene Salate waschen und in einem Tuch trockenschleudern.
4. Die Tomaten je nach Größe halbieren und vierteln.
5. Gänsebrust aus der Folie nehmen. In hauchdünne, fast durchsichtige Scheiben schneiden.

mit verschiedenen Salaten

6. Auf Teller plazieren, die Soße mit den kleinen Gemüsewürfelchen darübergeben und alles mit Salatblättern, Tomaten, halbierten Wachteleiern und Kerbel garnieren. Besonders gut passen dazu süß-sauer eingelegte Gurken (siehe Zusatzrezepte).

Gefüllte Kalbsbrust mit

Für 6–8 Personen:

3,5 kg Kalbsbrustspitze (Knochen und Knorpel beim Einkauf vom Metzger auslösen und zersägen lassen)
220 g altbackene, gewürfelte Brötchen ohne Rinde
⅛ l Vollmilch
5 Eier
2 gewürfelte Schalotten
20 g Butter
150 g fein gewürfelter, gekochter Schinken
100 g geputzte, gewürfelte Champignons
150 g gesäuberte, gewürfelte Pfifferlinge
½ Bund gehackte glatte Petersilie
5 EL Öl
50 g eiskalte Butter
5 gewürfelte Schalotten
30 g Butter
4 EL Vollmilch
Muskat
Salz, Pfeffer

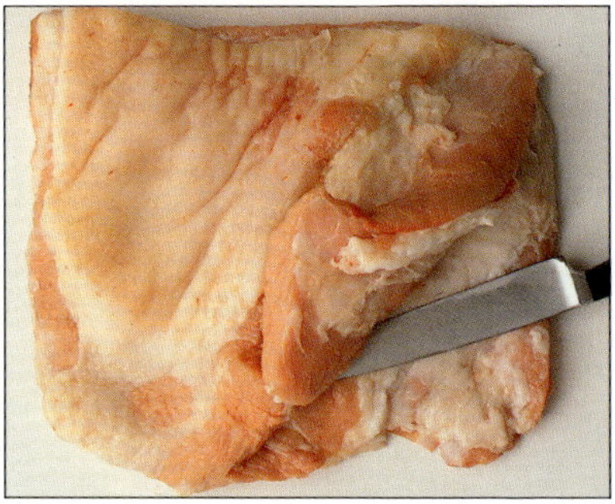

1. Brötchenwürfel mit Milch und Eiern in einer Schüssel vermischen.
2. Schalottenwürfel in heißer Butter andünsten, Schinken, Champignons und Pfifferlinge zugeben (Foto 1) und mitbraten.
3. Diese Mischung mit den eingeweichten Brötchenwürfeln, Petersilie, Muskat, Salz und Pfeffer vermengen, abschmekken.
4. Mit einem langen spitzen Messer eine tiefe Tasche in die Kalbsbrust schneiden (Foto 2).
5. Kalbsbrust von innen und außen salzen und pfeffern. Füllung in die Tasche geben, etwas nachdrücken, damit sie sich gleichmäßig verteilt

Pfifferlingen

(Foto 3). Nicht zuviel einfüllen, damit die Tasche beim Braten nicht platzt.

6. Die Tasche sorgfältig mit Küchengarn zunähen.

7. In heißem Öl rundherum kräftig anbraten. Knochen und Knorpel um das Fleisch verteilen (Foto 4) und den Bräter auf den Boden des auf 200 Grad vorgeheizten Backofens stellen.

8. Etwa 1 ½ Stunden braten. Sobald sich Röststoffe bilden, nach und nach etwas Wasser zugießen. Nach 1 Stunde die Temperatur auf 250 Grad erhöhen.

9. Die Kalbsbrust aus dem Bräter nehmen, 15 Minuten ruhen lassen. Die entstandene Flüssigkeit durch ein Sieb in einen Topf gießen, entfetten (siehe Küchenlexikon) und die eiskalte Butter flöckchenweise unterschlagen.

10. Schalotten in heißer Butter goldgelb dünsten, mit Milch ablöschen und durchschwenken. Über die Kalbsbrust geben (Foto 5). Braten in Scheiben schneiden, mit der abgeschmeckten Soße, Pfifferlingen, Böhnchen, Möhren und Selleriepüree (siehe Zusatzrezepte) anrichten (Foto 6).

Blätterteigschnitte mit

4 tiefgefrorene Blätterteigplatten
50 g Puderzucker
3 Blatt weiße Gelatine
0,1 l süße Sahne
40 g Zucker
3 Eigelb
100 g Himbeeren
350–400 g gesäuberte Erdbeeren (möglichst Senga Sengana)
2 cl Orangenlikör
1 TL Zitronensaft
100 g geschlagene Sahne
2 EL Puderzucker
¼ l Vanillesoße (siehe Küchenlexikon)
etwas frische Pfefferminze

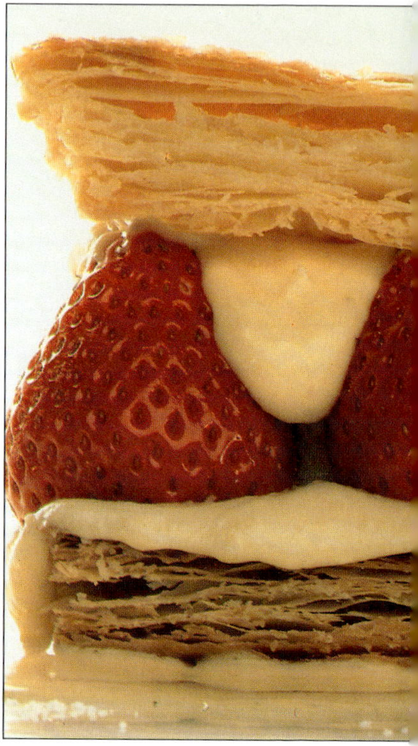

1. Die Blätterteigscheiben nebeneinander auftauen lassen, dann in 5 x 10 cm große Rechtecke teilen.
2. Auf ein mit Wasser abgespültes Backblech legen und im vorgeheizten Backofen bei 220 Grad ca. 10 Minuten backen.
3. Das Blech herausnehmen und den Blätterteig dick mit Puderzucker bestreuen.
4. Unter einem vorgeheizten Grill goldgelb karamelisieren lassen.
5. Blätterteigscheiben auskühlen lassen, umdrehen und den Vorgang auf der anderen Seite wiederholen.
6. Gelatine in kaltem Wasser einweichen.
7. Sahne mit dem Zucker aufkochen.
8. Das Eigelb im heißen, nicht kochenden Wasserbad schaumig schlagen. Nach und

Erdbeeren

nach die heiße Zuckersahne zugeben. So lange schlagen, bis die Masse cremig wird.

9. Ausgedrückte Gelatine in der heißen Creme auflösen, kühl stellen.

10. Himbeeren pürieren und durch ein feines Sieb streichen.

11. Erdbeeren zugeben und etwas durchziehen lassen.

12. Die abgekühlte, leicht gelierende Creme mit Orangenlikör und Zitronensaft glattrühren. Die geschlagene Sahne unterheben und alles in einen Spritzbeutel füllen.

13. Auf vier Scheiben Blätterteig etwas Creme spritzen und die Erdbeeren darauf anordnen.

14. Etwas Creme über die Erdbeeren geben und je eine Blätterteigscheibe obenauf setzen.

15. Auf Tellern anrichten, mit Puderzucker bestäuben und etwas Vanillesoße angießen. Mit zartgrünen Pfefferminzblättchen garnieren.

Gebratene Pfifferlinge

300 g frische Pfifferlinge
2 EL Öl
3 gewürfelte Schalotten
1 EL gehackte Petersilie
20 g Butter
Salz, Pfeffer

1. Die Pfifferlinge säubern und in einer sehr heißen Pfanne unter Schwenken in Öl anbraten.
2. Die Schalottenwürfel und die gehackte Petersilie zugeben. Mit Salz und frisch gemahlenem Pfeffer würzen und unter ständigem Hin- und Herschwenken ca. 3 Minuten weiterbraten.
3. Die gebratenen Pfifferlinge mit einem Stück Butter verfeinern.

Bohnen-Möhren-Gemüse

200 g Prinzeßbohnen
8 junge Möhren mit Grün
40 g Butter
1 gewürfelte Schalotte
Muskat
1 Prise Zucker
Salz, Pfeffer

1. Die geputzten Bohnen ca. 2–3 Minuten in Salzwasser kochen. Kalt abschrecken.
2. Die Möhren schälen, ca. 1 cm vom Grün stehenlassen. Etwa 5–8 Minuten in Salzwasser kochen; unter kaltem Wasser abschrecken.
3. Die Hälfte der Butter zerlassen und die Schalottenwürfel darin andünsten. Die abgetropften Bohnen dazugeben und unter Schwenken erhitzen. Mit etwas Muskat, Salz und Pfeffer abschmecken.
4. Die übrige Butter in einem zweiten Topf zerlassen und die abgetropften Möhren darin erhitzen. Hin und her schwenken, bis die Möhren glänzen. Mit einer Prise Zucker, Salz und Muskat abschmecken.

Selleriepüree

2 Sellerieknollen
ca. ½ l süße Sahne
1–2 EL geschlagene Sahne
Muskat, Salz

1. Die Sellerieknollen schälen und würfeln.
2. In einen Topf geben und so viel Sahne zugießen, daß die Stücke nicht ganz bedeckt sind.
3. Aufkochen lassen, bei geringer Hitze 10–15 Minuten weich kochen.
4. Mit einem Pürierstab oder in einem Mixer pürieren und mit Muskat und Salz abschmecken.
5. Abschließend mit etwas geschlagener Sahne verfeinern.

Süß-sauer eingelegte Gurken

1 Salatgurke
¼ l Wasser
50 g Zucker
4 cl Weinessig
5 Dillzweige
10 Estragonblätter
2 Lorbeerblätter
1 TL Senfkörner
90 g Crème fraîche
1 Spritzer Sherry-Essig
1 TL feingeschnittener Dill
Salz, Pfeffer

1. Die Gurke schälen, längs halbieren und die Kerne mit einem Teelöffel herausschaben.
2. Die Gurkenhälften in 3 mm dünne Scheiben schneiden.
3. Wasser mit Zucker, Essig, Dill, Estragon, Lorbeer und Senfkörnern aufkochen lassen.
4. Die Gurkenscheiben zugeben; alles kurz aufwallen und dann abkühlen lassen.
5. In ein verschließbares Glas geben; 24 Stunden durchziehen lassen.
6. Die Gurkenstücke in ein Sieb schütten und von den Gewürzen trennen. Den Sud in einer Schüssel auffangen.
7. Die Crème fraîche mit Sherry-Essig, Dill, 3 EL süß-saurem Sud, Salz und frisch gemahlenem Pfeffer verrühren und abschmecken.
8. Mit den abgetropften Gurken mischen.

DIETER MÜLLER

Das Restaurant »Schweizer Stuben« in Wertheim am Main ist der Inbegriff der kulinarischen Vollkommenheit und der Perfektion. Hier stimmt einfach alles: Die Inneneinrichtung, der Service, der Weinkeller und selbstverständlich die Küche. Wenn man von Deutschlands besten Restaurants spricht, sind die »Schweizer Stuben« mit Sicherheit dabei. Hier wird auf höchster gastronomischer Ebene – auch mit internationalem Maßstab gemessen – gearbeitet.

Ein kulinarisches Gesamtkunstwerk, wie es die »Schweizer Stuben« heute darstellen, läßt sich natürlich nicht im Alleingang verwirklichen. In diesem Fall ist es ein Dreigespann. Adalbert Schmitt, der Senior, ist ein Fabrikant mit musischen Neigungen, dem gutes Essen und Trinken eine solche Herzensangelegenheit bedeuten, daß er das finanzielle Risiko übernahm. Seine Philosophie hat er im Vorwort eines seiner Bücher so beschrieben: »Was wäre schöngeistiges Leben ohne die Pflege der Eß- und Trinkkultur. Hier sehen wir unsere Aufgabe, die uns mit Freude und Begeisterung erfüllt.

Die Achtung vor den Naturschätzen, fanatisches Bemühen, sie frisch und unverfälscht zu erwerben, sind Voraussetzung für gute Küche. In dem Warten auf die Saison und die Naturprodukte in ihrer besten Zeit liegt der große kulinarische Reiz. Sinnvoll wandelt sich die Natur – ein Geschenk für die gute Küche.«

Adalbert Schmitt ist der Anreger hinter den beiden Junioren, seinem ehrgeizigen Sohn Andreas (der heute wohl kenntnisreichste Maître d'hôtel in Deutschland) und dem Küchenchef Dieter Müller.

Der stammt aus Südbaden und hat schon als Kind mit seinen Geschwistern am heimischen Herd gestanden. Seine Lehre absolvierte er in einem gutbürgerlichen Restaurant in Müllheim. Nach Zwischenstationen im elterlichen Restaurant, in renommierten Schweizer Häusern und auf Korfu kam er 1973 nach Wertheim, wo sein Bruder Jörg seit einem Jahr Küchenchef war. Im April 1982 übernahm er die alleinige Leitung der Küche: Sein Bruder hatte sich auf Sylt mit dem Restaurant »Nösse« selbständig gemacht.

Im selben Jahr wurde Dieter Müller bereits zum deutschen Koch des Jahres gewählt, 1985 bescheinigten ihm Gastronomiekritiker die absolute Weltklasse. Der Chefkoch der »Schweizer Stuben« wurde als einer der beiden ersten Köche in der Bundesrepublik und einer der zwanzig besten seines Fachs auf der Welt bezeichnet.

Müller ist Chef einer Brigade, die wie ein Uhrwerk funktioniert. Das macht es ihm möglich, auch große Menüs mit den kompliziertesten Gerichten zu verwirklichen. Dabei bedient er sich allerbester Produkte. Vieles stammt von Lieferanten aus der Region – seien es fränkisches Wildkirschwasser oder Bachsaiblinge, Gemüse und Salate oder Wild aus den umliegenden Wäldern.

Salat von Wintergemüse mit Kalbsleber und Meerrettichsoße

100 g junge Rote Bete
1 Spritzer Essig
200 g Sellerieknolle
½ Zitrone
20 g feingewürfelte Schalotten
0,1 l Rinderbrühe (siehe Küchenlexikon)
2 cl Sherry-Essig
½ TL würziger Senf
6 cl Walnußöl
6 cl Traubenkernöl
100 g Feldsalat
8 EL brauner Kalbsfond (siehe Küchenlexikon)
4 kleine Scheiben Kalbsleber à 80 g
2 EL Mehl
2 EL geklärte Butter (siehe Küchenlexikon)
2 EL feingewürfeltes, geröstetes Toastbrot
etwas Zucker
Salz, Pfeffer

Für die Meerrettichsoße:

½ geschälter Apfel
½ TL frisch geriebener Meerrettich
2 EL Crème fraîche
Salz

1. Die Rote Bete gründlich säubern. Mit einem Spritzer Essig, etwas Salz und Zucker in kochendes Wasser geben.
2. In etwa 25 Minuten nicht zu weich garen.
3. Die Sellerieknolle schälen und in gleichmäßig feine Streifen schneiden. In leicht gesalzenem kochenden Wasser mit Zitronensaft ca. 1 Minute garen.
4. Die Selleriestreifen unter kaltem Wasser abschrecken und abtropfen lassen.
5. Die Schalottenwürfel in der Rinderbrühe aufkochen und abkühlen lassen. Dann mit Sherry-Essig, Senf, Salz, frisch gemahlenem Pfeffer, Walnuß- und Traubenkernöl verrühren.
6. Den geschälten Apfel fein reiben. Mit dem Meerrettich, der Crème fraîche und 1 EL von der Essig-Öl-Soße gut verrühren und mit einer Prise Salz abschmecken.
7. Gekochte Rote Bete unter kaltem Wasser abschrecken und die Haut abziehen. Die Rote Bete in feine Streifen schneiden.
8. Die verlesenen, gesäuberten Feldsalatblättchen durch die Essig-Öl-Soße ziehen, abtropfen lassen und halbmondförmig auf vier Teller legen.
9. Den Kalbsfond auf die Hälfte der Menge einkochen lassen.
10. Die Sellerie- und Rote-Bete-Streifen getrennt voneinander mit der übrigen Essig-Öl-Soße vermischen und etwas durchziehen lassen.
11. Die Kalbsleber mit Salz und frisch gemahlenem Pfeffer würzen, in Mehl wenden und in der geklärten, heißen Butter von jeder Seite eine halbe Minute braten.
12. Sellerie- und Rote-Bete-Streifen auf den Feldsalat legen. Die Meerrettichsoße auf die Teller verteilen und die in Streifen geschnittene Kalbsleber darauflegen.
13. Die Leberstreifen mit dem eingekochten Kalbsfond überziehen und sofort mit den Toastbrotwürfeln servieren.

Geschmorte Rehschulter mit Specksoße und Preiselbeerküchle

1 Rehschulter (ca. 1,5 kg; beim Einkauf enthäuten lassen)
100 g geklärte Butter (siehe Küchenlexikon)
400 g Röstgemüse (Zwiebeln, Möhren, Sellerie, siehe Küchenlexikon)
2 EL Tomatenmark
1 Zweig Thymian
10 zerdrückte Wacholderbeeren
15 zerdrückte schwarze Pfefferkörner
2 l Wildbrühe (siehe Küchenlexikon)
½ l Rotwein (Lemberger aus Württemberg)
100 g Speckschwarte
0,1 l süße Sahne
4 cl Gin
200 g geputzte, gesäuberte Champignons
80 g gewürfelter Bauchspeck
1 EL Butter
Salz, Pfeffer

1. Die Rehschulter mit Salz und Pfeffer würzen.
2. Die geklärte Butter in einem Bräter erhitzen. Die Rehschulter darin von allen Seiten kräftig anbraten, wieder herausnehmen und das Röstgemüse in den Bräter geben.
3. Sobald das Röstgemüse Farbe angenommen hat, Tomatenmark, Thymian, Wacholderbeeren und Pfefferkörner dazugeben.
4. Mit etwas Brühe und Rotwein ablöschen.
5. Die Speckschwarte kleinschneiden.
6. Die Rehschulter in die kochende Flüssigkeit geben und mit der Speckschwarte belegen.
7. Im vorgeheizten Backofen bei 200 Grad ca. 1½ Stunden schmoren lassen. Zwischendurch immer wieder Brühe und Rotwein zugießen.
8. Die Rehschulter herausnehmen und das Fleisch vom Knochen lösen. In gleichmäßige Streifen schneiden und warm stellen.
9. Die Bratflüssigkeit durch ein feines Sieb gießen und auf einen Viertelliter einkochen lassen.
10. Die Sahne dazugießen, unterrühren und die Soße mit Gin und einer Prise Salz abschmecken.
11. Die Champignons mit Küchenpapier gut troktupfen und achteln.
12. Die Speckwürfel in ein Sieb geben und 1 Minute lang in kochendes Wasser eintauchen.
13. Champignons und abgetropfte Speckwürfel in heißer Butter unter Schwenken erhitzen und zum Servieren über das auf vorgewärmten Tellern angerichtete Fleisch geben. Die Soße angießen und als Beilage Wirsingbällchen (siehe Zusatzrezepte) sowie Preiselbeerküchle reichen.

PREISELBEERKÜCHLE

100 g frische Preiselbeeren; etwa 3 Tage lang in 0,1 l Läuterzucker (siehe Küchenlexikon) einlegen
1 Ei
50 g Mehl
2 cl Vollmilch
1 TL braune Butter (siehe Küchenlexikon)
20 g geklärte Butter

1. Die eingelegten Preiselbeeren abtropfen lassen.
2. Das Eigelb mit Mehl, Milch, brauner Butter und einer Prise Salz verrühren.
3. Das Eiweiß steif schlagen und vorsichtig unter den Teig heben. Die Preiselbeeren ebenfalls unterheben.
4. Nach und nach eßlöffelweise in geklärter heißer Butter goldbraune Küchle backen.

Gefüllte Punschbirne mit Karameleis

4 kleine, feste Birnen
¼ l Orangensaft
½ l trockener Rotwein (Spätburgunder aus Franken)
¼ l schwarzer Tee
150 g Zucker
1 Zimtstange
2 Gewürznelken
abgeriebene Schale von je einer unbehandelten Orange und Zitrone
100 g Marzipanrohmasse
2 cl Mandellikör
20 g Korinthen
50 g gehobelte, geröstete Mandeln
25–30 g Speisestärke

1. Die Birnen schälen, ohne jedoch die Stiele abzuschneiden. Das Kerngehäuse mit einem Ausstecher aus den unzerteilten Birnen entfernen.
2. Orangensaft, Wein, Tee, Zucker, Zimtstange, Gewürznelken, Orangen- und Zitronenschale in einen Topf geben.
3. Die Birnen in die Flüssigkeit setzen und alles aufkochen lassen.
4. Zugedeckt ca. 8 Minuten bei geringer Hitze ziehen lassen.
5. In der Zwischenzeit das Marzipan mit dem Mandellikör verrühren. Die Korinthen und die Mandeln untermischen.
6. Birnen abtropfen lassen und mit der Marzipanmasse füllen.
7. Die Punschflüssigkeit durch ein Sieb gießen und mit Speisestärke sämig binden, die vorher in etwas Rotwein angerührt wurde.
8. Die Birnen auf Tellern anrichten und vor dem Servieren mit der Punschsoße überziehen. Dazu Karameleis reichen.

KARAMELEIS

1 Vanillestange
¼ l süße Sahne
¼ l Vollmilch
150 g Zucker
12 Eigelb

1. Die Vanillestange längs aufschneiden, das Mark herausschaben.
2. Vanillemark, Sahne und Milch aufkochen.
3. Den Zucker unter ständigem Rühren schmelzen und goldbraun karamelisieren lassen.
4. Den etwas abgekühlten Karamelzucker mit der heißen Sahne-Milch ablöschen und darin auflösen.
5. Das Eigelb schaumig schlagen, nach und nach unter ständigem Rühren die heiße Karamelflüssigkeit dazugeben.
6. Bei geringer Hitze so lange rühren, bis sich eine Rose abziehen läßt (siehe Küchenlexikon). Nicht kochen, sonst gerinnt das Ei!
7. Die dickliche Masse durch ein feines Sieb gießen und in einer Eismaschine gefrieren lassen.

Wirsingbällchen

1 kleiner Wirsingkohl
50 g Butter
4 EL Wasser
Salz, Pfeffer

1. Acht schöne Wirsingblätter ablösen und in Salzwasser 1 Minute kochen. Kalt abschrekken.
2. Den übrigen Wirsing in Streifen schneiden, waschen und abtropfen lassen.
3. Die Wirsingstreifen in 30 g heißer Butter unter ständigem Rühren ca. 2–3 Minuten dünsten. Mit Salz und frisch gemahlenem Pfeffer würzen.
4. Die ganzen Wirsingblätter nacheinander auf ein dünnes Küchentuch geben, jeweils mit den Wirsingstreifen belegen und mit Hilfe des Tuches kleine Wirsingbällchen drehen.
5. Die Bällchen in der übrigen Butter mit Wasser, Salz und Pfeffer zugedeckt erhitzen und servieren.

Kalbsrückensteaks mit Krebsschwänzen und grünen Nudeln

4 Kalbsrückensteaks
à ca. 160 g
1–2 EL Mehl
60 g Butter
3 große, gehackte
Schalotten

0,1 l Weißwein
4 cl Wermut
0,1 l Geflügelfond
(siehe Küchenlexikon)
0,1 l Crème double
Zitronensaft
40 g Krebsbutter
etwas Essig
8–12 lebende
Flußkrebse à 30 g
Salz, Pfeffer

Für die Nudeln:

80 g frischer Spinat
260 g Mehl
2 Eier
etwas Butter
Salz

1. Das sichtbare Fett und die Sehnen von den Kalbsrückensteaks entfernen.
2. Den Spinat waschen und in kochendem Salzwasser kurz aufwallen lassen.
3. In ein Sieb schütten und in eiskaltem Wasser abschrecken.
4. Zuerst mit der Hand, dann mit einem Tuch gut ausdrücken.
5. Den Spinat mit einem Pürierstab oder im Mixer pürieren.
6. Mehl, Spinat, Eier und eine Prise Salz miteinander verkneten. Der Teig darf nicht kleben.
7. Den Nudelteig mehrmals durch die glatte Walze einer Nudelmaschine geben oder auf einer bemehlten Fläche ausrollen und wieder zusammenlegen.
8. Dann mit der Nudelmaschine dünne Teigstreifen schneiden oder den Teig erneut dünn ausrollen, mit Mehl bestäuben, aufwickeln, Scheiben in gewünschter Nudelbreite schneiden und abwickeln.
9. Die Nudelteigstreifen in kochendes Salzwasser schütten und 1–2 Minuten kochen lassen.
10. In ein Sieb schütten, kalt abbrausen.
11. Die Steaks mit Salz und frisch gemahlenem Pfeffer würzen und in etwas Mehl wenden.
12. Die Steaks in einer Pfanne mit 1 EL mäßig heißer Butter kurz von jeder Seite anbraten. Die Pfanne in den auf 180 Grad vorgeheizten Backofen stellen; die Steaks in 3 Minuten fertig braten.
13. Die Steaks aus der Pfanne nehmen und auf einer vorgewärmten Platte warm stellen.
14. Das Bratfett aus der Pfanne abgießen und die übrige Butter zum Bratensatz geben.
15. Die Schalotten zufügen und kurz andünsten. Mit Weißwein und Wermut ablöschen und etwas einkochen lassen.
16. Dann den Geflügelfond dazugießen und die gesamte Flüssigkeit erneut einkochen lassen.
17. Die Crème double unterrühren, alles aufkochen lassen und durch ein feines Sieb gießen.
18. Die Soße erneut aufkochen lassen, mit Salz, frisch gemahlenem Pfeffer und Zitronensaft abschmecken.
19. Zum Schluß die Krebsbutter flöckchenweise unter die Soße schlagen.
20. Etwas Essig in leicht gesalzenes Wasser geben, die Krebse 3 Minuten darin kochen, herausnehmen und aus der Schale brechen.
21. Die Kalbsrückensteaks mit den Krebsschwänzen auf vorgewärmten Tellern anrichten und die Soße angießen.
22. Die Nudeln unter Schwenken in heißer Butter erhitzen.

PETER WAGNER

Das eher konservative Publikum in Franken liebt Klassiker. Auf der Bühne wie auf dem Tisch. Da ist Kreativität um jeden Preis nicht angesagt, weder auf den Brettern, die in Bayreuth die Welt bedeuten, noch in einem so traditionsreichen Gasthof wie dem »Schwarzen Adler«. Der liegt, ehrwürdig und aufwendig renoviert, im Dorf Kraftshof mitten im fränkischen »Knoblauchland« zwischen Nürnberg und Erlangen.

Im »Schwarzen Adler« wird zwar sehr fein gekocht, aber doch bodenständig. Frische ist das wichtigste und die alte Gastrosophenweisheit: jedes Ding soll so zubereitet sein, daß es seinen vollen Eigengeschmack entfalten kann. Der noch unentdeckte Geschmack einer neuen Kreation wäre hier vollkommen deplaziert. Wenn Küchenchef Peter Wagner von der Neuen Küche spricht, meint er Marktküche. Er hat leicht reden. Schließlich macht es ihm die fränkische Küche einfach mit ihren traditionellen Rezepten und Anregungen. Und die Landschaft gibt so viele einheimische Produkte her wie kaum eine andere Region.

Das spiegelt denn auch die Speisekarte wider, vom Waldpilzkuchen bis zur gefüllten fränkischen Ente, von den Karpfenklößchen in der Grünkohlsuppe bis zum Lebkuchenparfait und den Schlosserbuben zum Dessert. Da ergibt sich nach der Methode »aus alt mach neu« eine Fülle von witzigen Einfällen und Kombinationen, die jeden Gourmetgaumen entzücken.

Peter Wagner ist, das muß man freilich anmerken, Erster unter Gleichen in einem phantastischem Team auserlesener Fachleute. Ihm stehen als Geschäftsführer das Ehepaar Noack zur Seite, das einst in Lippstadt das berühmte »Grand Cru« eröffnete, und mit William Randrianasolu ein Oberkellner der besten Schule (Schweizer Stuben Wertheim).

Und wenn man noch einen feinsinnigen Geld- und Ratgeber wie den Fabrikanten Günter Hertel im Rücken hat, läßt es sich famos aufkochen. Millionen hat sich der Hobbykoch Hertel die Realisierung seines kulinarischen Traums kosten lassen. Heute kümmert er sich nicht nur um die Zahlen, sondern mindestens genausosehr um den Qualitätsstandard. Der ist bei Peter Wagner freilich in den besten Händen. Der im Spessart geborene Unterfranke hat die einschlägigen Erfahrungen in Spitzenhäusern in vielen Ländern Europas gesammelt, u. a. in der »Villa Cesare« am Lago Maggiore, bei »Scherrer« in Hamburg und im »Tantris« in München. Solch eine Laufbahn befähigt zu großen Taten, unter anderem dazu, aus einem Landgasthof eine Feinschmecker-Attraktion zu machen.

Pürierte Grünkohlsuppe mit Karpfenklößchen

1 kg Grünkohl
1 kleine gewürfelte Zwiebel
½ kleine zerdrückte Knoblauchzehe
50 g Butter
1 l Fleischbrühe (siehe Küchenlexikon)
2 EL Crème fraîche
2 EL angeröstete Haferflocken
Muskat, Salz, Pfeffer

Für die Karpfenklößchen:

50 g Karpfenfilet
40 g kalte süße Sahne
Salz, Pfeffer

1. Den Grünkohl von den dicken Rispen streifen, verlesen und waschen. In reichlich Salzwasser 1–2 Minuten kochen, danach in eiskaltem Wasser abschrecken.
2. Die Zwiebelwürfel und den Knoblauch in 1 EL Butter andünsten. Den Grünkohl mit der Hand gut ausdrücken, dazugeben und die Fleischbrühe aufgießen.
3. Aufkochen lassen und den Grünkohl zugedeckt ca. 30 Minuten weich kochen. Übrige Butter und Crème fraîche einrühren.
4. Die Suppe mit einem Pürierstab oder in einem Mixer pürieren.
5. Danach durch ein Sieb streichen und mit Muskat, Salz und Pfeffer abschmecken.
6. Das Karpfenfilet in Streifen schneiden, mit Salz und Pfeffer würzen.
7. Mit einem elektrischen Zerkleinerer oder Pürierstab pürieren.
8. Dabei nach und nach die kalte Sahne zufügen und die Masse mit Salz und Pfeffer abschmekken.
9. Durch ein feines Sieb streichen.
10. Mit zwei Teelöffeln kleine Klößchen abstechen und in heißem, nicht kochendem Salzwasser ca. 3–5 Minuten gar ziehen lassen.
11. Klößchen mit einer Schaumkelle herausheben und abtropfen lassen.
12. Die Grünkohlsuppe unter Rühren erhitzen und in vorgewärmten Suppentassen anrichten. Die Karpfenklößchen in die Suppe geben und die angerösteten Haferflokken darüberstreuen.

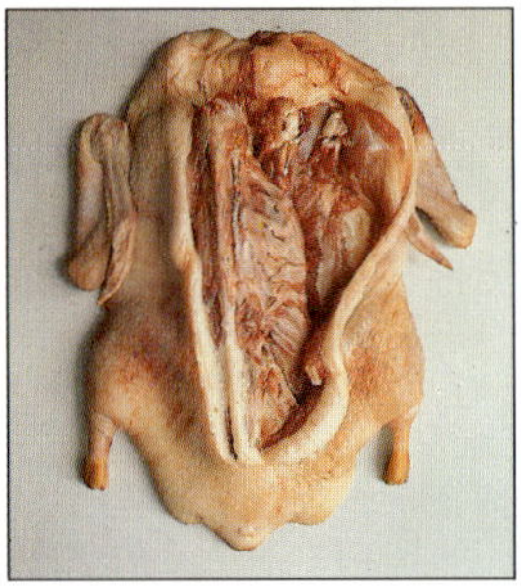
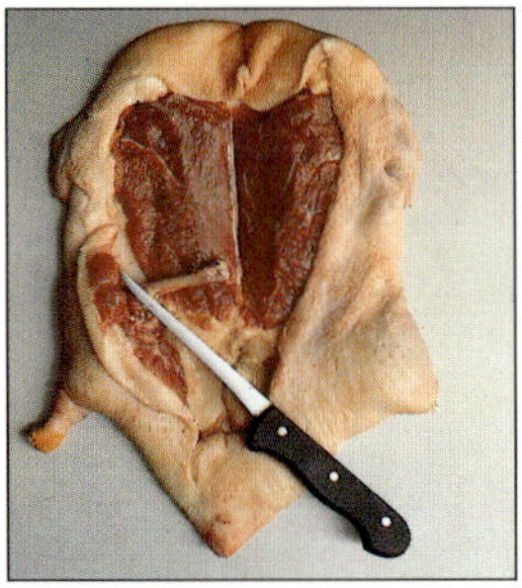

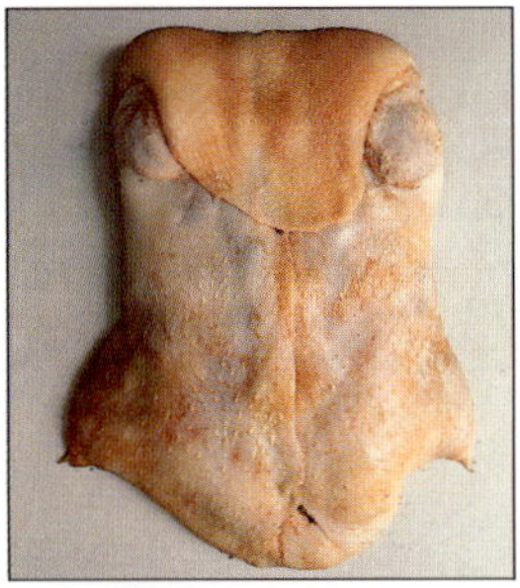
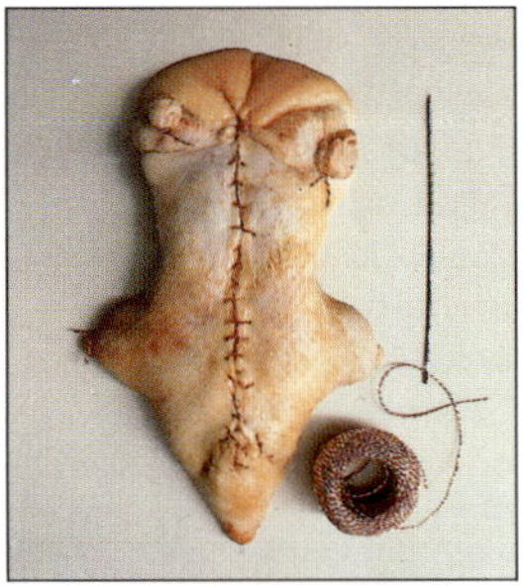
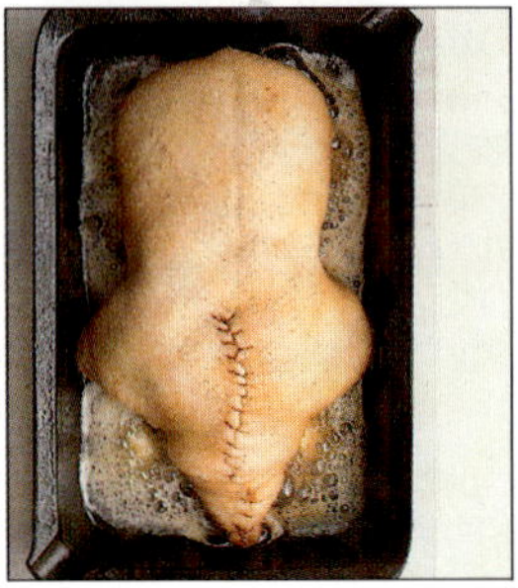

1 Ente (ca. 1,8 kg)
300 g gewürfeltes Weißbrot ohne Rinde
evtl. 1–2 EL Entenschmalz
0,2 l Vollmilch
Innereien von der Ente (Herz, Magen, Leber)
2 Zweige Majoran
4 Salbeiblätter
3 Stengel Petersilie
1 mittelgroßer Apfel
½ gewürfelte Zwiebel
1 EL Butter
2 EL Rosinen
200 g Eßkastanien aus der Dose
2 EL Öl, 1 TL Butter
100 g Röstgemüse (siehe Küchenlexikon)
1 Msp Beifuß
1 Msp Majoran
1 Msp Liebstöckel
1 kleines Lorbeerblatt
2 Gewürznelken
1 EL Tomatenmark
½ l Frankenwein (trockener Müller-Thurgau)
½ l Fleisch- oder Geflügelbrühe (siehe Küchenlexikon)
Muskat, Salz, Pfeffer

1. Die Ente auf den Bauch legen und längs der Wirbelsäule scharf einschneiden.
2. Das Fleisch vorsichtig vom Gerippe losschneiden, ohne dabei die Haut zu verletzen.

Gefüllte fränkische Ente mit Löwenzahnpüree und Halbseidenen

3. Das Gerippe vollständig entfernen. Keulen und Flügelknochen vorsichtig auslösen. Gerippe und Knochen grob zerhacken. Die entbeinte Ente säubern, mit Küchenpapier trockentupfen.
4. Weißbrotwürfel im Entenschmalz anrösten. Die Milch kurz aufkochen und über die Weißbrotwürfel gießen. Die Innereien säubern und kleinschneiden. Majoran, Salbei und Petersilie hacken. Den geschälten, entkernten Apfel würfeln. Zwiebelwürfel und Innereien in heißer Butter anbraten.
5. Apfelwürfel, Kräuter und Rosinen zugeben.
6. Alles mit dem Weißbrot vermengen und die Kastanien dazugeben. Mit Muskat, Salz und Pfeffer abschmecken.
7. Die Füllung in die Ente geben.
8. Die Ente verschließen und in Form drücken.
9. Sorgfältig mit Küchengarn zunähen und mit Salz und Pfeffer würzen.
10. Öl in einem Bräter erhitzen, Butter zugeben und die Ente darin rundherum von allen Seiten anbraten.
11. Im vorgeheizten Backofen bei 250 Grad ca. 1½ Stunden braten. Nach 45 Minuten das Röstgemüse und die gehackten Knochen zufügen.
12. Kurz vor Bratzeitende Beifuß, Majoran, Liebstöckel, Lorbeer und Nelken zugeben. Den Bräter herausnehmen und die Ente warm stellen. Tomatenmark in den Bräter geben, mit Wein und Brühe ablöschen. Etwa zur Hälfte einkochen lassen und entfetten (siehe Küchenlexikon). Durch ein mit einem Tuch ausgelegtes Sieb in einen Topf gießen und mit Salz und Pfeffer abschmekken. Die Ente aufschneiden und das Küchengarn entfernen. Mit Löwenzahnpüree, Halbseidenen (siehe Zusatzrezepte) und der Soße anrichten.

100 g Schokoladen-lebkuchen ohne Oblaten
1 Ei
1 Eigelb
75 g Zucker
1 TL Lebkuchengewürz
¼ l süße Sahne

Glühweinschaum:

½ l Glühwein
je 1 Scheibe von einer unbehandelten Orange und Zitrone
1 Zimtstange
2 Gewürznelken
5 Eigelb
80 g Zucker

Schlosserbuben:

12 entkernte, getrocknete Pflaumen
12 geschälte, süße Mandeln
150 g Mehl
2 Eier
etwas helles Bier
ca. 500 g Butterschmalz
100 g geraspelte Block-schokolade

1. Lebkuchen in kleine Würfel schneiden.
2. Ei, Eigelb und 50 g Zucker zuerst im heißen, dann im kalten Wasserbad schaumig schlagen. Dabei das Lebkuchengewürz zugeben.
3. Die Lebkuchenstücke unterheben.

Altnürnberger Lebkuchenhalbgefrorenes mit Glühweinschaum

4. Sahne steif schlagen, dabei den übrigen Zucker einrieseln lassen. Ebenfalls unter die Masse heben.
5. In vier Portionsförmchen füllen und für 3 Stunden in das Gefriergerät stellen.
6. Vor dem Servieren wenige Sekunden in heißes Wasser tauchen und auf Teller stürzen.
7. Glühwein mit Orangen- und Zitronenscheibe, Zimt und Nelken aufkochen. Auf etwa 0,1 l einkochen lassen. Durch ein Sieb gießen (Glühwein auffangen).
8. Eigelb und Zucker in ein wasserbadgeeignetes Gefäß geben.
9. Unter ständigem Rühren zusammen mit dem eingekochten Glühwein schaumig aufschlagen. Wenn der Glühweinschaum kalt serviert werden soll, muß er unter ständigem Rühren in einem kalten Wasserbad (mit Eiswürfeln) abgekühlt werden.
10. In jede getrocknete Pflaume eine Mandel hineinstecken. Die Pflaumen in 2 EL Mehl wälzen.
11. Eigelb, übriges Mehl und Bier verrühren, so daß ein glatter, dickflüssiger Teig entsteht. Eiweiß steif schlagen und unterheben. Butterschmalz in einem Fritiertopf oder in einer Friteuse auf ca. 180 Grad erhitzen. Pflaumen durch den Teig ziehen und abtropfen lassen.
12. Im heißen Fett goldbraun ausbacken. Gut abtropfen lassen und in Schokoladenraspeln wälzen. Mit dem Halbgefrorenen und dem Glühweinschaum anrichten. Mit frischen Pfefferminzblättchen garnieren.

Halbseidene

1,25 kg mehligkochende Kartoffeln
2 altbackene Brötchen
1 EL Butter
125 g Kartoffelmehl
1 Ei
0,1 l Vollmilch
Salz
Muskat

1. Eine Hälfte der Kartoffeln schälen, waschen und in leicht gesalzenem Wasser ca. 20 Minuten kochen.
2. In der Zwischenzeit die Brötchen in 1 cm dicke Scheiben, dann in Würfel von 1 cm Kantenlänge schneiden.
3. In einer Pfanne mit heißer Butter unter Wenden von allen Seiten goldbraun anrösten. Beiseite stellen.
4. Die übrigen Kartoffeln schälen, waschen und reiben. In einem sauberen Tuch gut ausdrücken.
5. Die gekochten, abgegossenen Kartoffeln durch eine Kartoffelpresse drücken.
6. Mit den geriebenen rohen Kartoffeln und dem Kartoffelmehl mischen.
7. Das Ei und die Milch nach und nach unterrühren und die Masse mit Salz und Muskat abschmecken.
8. Aus der Kartoffelmasse Klöße formen und dabei die gerösteten Brötchenwürfel in die Mitte der Klöße hineinarbeiten.
9. Die Klöße in leicht gesalzenem heißen, nicht kochenden Wasser etwa 20 Minuten gar ziehen lassen.
10. Mit einer Schaumkelle herausheben und gut abtropfen lassen.

Löwenzahnpüree

1 kg Löwenzahn
50 g Butter
1 mittelgroße gewürfelte Zwiebel
0,1 l süße Sahne
80 g magerer, durchwachsener Speck
Salz, Muskat
Pfeffer

1. Den Löwenzahn verlesen, waschen und für 1 Minute in kochendes Salzwasser geben. Kalt abschrecken.
2. Den kalten Löwenzahn gut mit der Hand ausdrücken und durch einen Fleischwolf mit feiner Lochscheibe drehen.
3. Die Butter in einem Topf schmelzen lassen. Die Zwiebelwürfel darin glasig dünsten.
4. Das Löwenzahnpüree und die Sahne dazugeben.
5. Unter Rühren erhitzen. Mit Salz, Pfeffer und Muskat abschmecken.
6. Den Speck würfeln und in einer Pfanne auslassen.
7. Vor dem Servieren über das Löwenzahnpüree geben.

Kraftshofer Kaiserbraten mit Kürbis-Kartoffel-Brei

600 g rohes Kasseler (ohne Knochen)
200 g gekochtes Sauerkraut
75 g gekochte Zunge
75 g Gewürzgurken
2 Zweige Majoran
1–2 EL mittelscharfer Senf
500 g Schweinenetz (beim Metzger vorbestellen)
300 g geschälte Kartoffeln
600 g geschälter, gewürfelter Kürbis
1 gewürfelte Zwiebel
etwas Schweineschmalz
ca. 1/2 l Vollmilch
100 g Butter
Muskat, Salz

1. Das Kasseler der Länge nach so aufschneiden, daß es an einer Seite geschlossen bleibt.
2. Das Sauerkraut in eine Schüssel geben.
3. Zunge und Gewürzgurken würfeln und zum Sauerkraut geben.
4. Die gezupften Majoranblättchen zufügen, alles miteinander mischen.
5. Die Sauerkrautmasse in das Kasseler füllen, das Fleisch wieder zusammenpressen, mit dem Senf bestreichen und in ein Schweinenetz einwickeln.
6. In einem Bräter im vorgeheizten Backofen bei 180 Grad ca. 50–60 Minuten braten lassen.
7. Die Kartoffeln in leicht gesalzenem Wasser ca. 20 Minuten kochen.
8. Die Kürbis- und Zwiebelwürfel in etwas heißem Schweineschmalz andünsten.
9. Zusammen mit den Kartoffeln durch eine Kartoffelpresse drücken oder im Topf zerstampfen.
10. Mit der Milch und der Butter glattrühren, dann mit Muskat und Salz abschmecken.
11. Den Braten aus dem Backofen nehmen, das Schweinenetz entfernen und den Braten vor dem Servieren aufschneiden.

MANFRED KURZ

Bevor Manfred Kurz 1977 das elterliche Gasthaus »Zum Hirschen« übernahm, wer wußte da schon, wo Blaufelden liegt? Die Viehhändler der Umgebung gewiß, Historiker vielleicht. Fand doch 1525 in der »Götzenstube« des Gasthofs die historische Begegnung zwischen Götz von Berlichingen und dem Truchseß von Waldburg statt. Für Feinschmecker war der Ort eine ganz und gar unbekannte Größe.

Der junge Witzigmann-Schüler Manfred Kurz hatte es weiß Gott nicht einfach, als er nach Lehr- und Wanderjahren ins heimatliche Dorf zurückkehrte. Das Haus war leider in den Fünfziger Jahren so renoviert worden, daß es seine ehemals vorhandene Gemütlichkeit weitgehend verloren hatte. Nicht gerade der ideale Rahmen für eine Küche der exquisiten Art. Manfred Kurz übernahm das Haus von der Mutter, zahlte seine Geschwister aus und begann mit der erneuten Renovierung.

Von außen ist der »Hirsch« ein Landgasthaus wie Hunderte andere geblieben. Aber drinnen weht ein neuer Wind. Die Menüs, die Manfred Kurz anbietet, sind stets für Überraschungen gut. Das liegt an seiner Vielseitigkeit und der Ungeniertheit, mit der er Traditionelles und Progressives auf der knapp gehaltenen Tageskarte mischt. Er versteht sich genausogut darauf, Gänseleber zu pochieren wie einen deftigen Sauerbraten mit Kartoffelklößen zuzubereiten. Kurz schöpft seine Ideen aus dem Reservoir der Klassischen Küche, wie er es unter anderem auch im Ettlinger »Erbprinz« gelernt hat. Aber er bezieht auch Bodenständiges mit ein. Pochiertes Kalbsherz auf Frühlingssalat, zum Beispiel, Hirnsuppe oder zum Dessert eine schlichte süße Semmelschnitte mit Vanillesoße.

So ist es kein Wunder, daß sein Restaurant nicht nur ein überregionaler Feinschmecker-Tip, sondern auch eine Attraktion für die Einheimischen ist.

Manfred Kurz bekennt sich zur Küche des Hohenloher Landes. Kräuter und Bohnen holt er aus dem Garten der Mutter. Schnepfen, Rebhühner, Hasen und Rehe sind aus der Jagd der Fürsten von Hohenlohe, die von der ersten Stunde an zu den Stammgästen zählten. Kurz sagt: »Unsere Region liefert genug Produkte!« Atzenroder Käse von einem Bauern aus der Umgebung, Krebse aus eigener Zucht, Karpfen, Schleien, Forellen aus den fürstlichen Teichen, Kalbfleisch von einem Metzger in Michelbach.

Was den Anbau und die Verarbeitung landwirtschaftlicher Produkte betrifft, wirkt der kochende Sunnyboy aus Blaufelden wie ein Motor für die ganze Gegend. Die Regionalmolkerei produziert auf seine Anregung hin beste Crème double. Der Gärtner liefert ihm eine reichhaltige Salatplatte, und seine Flugenten bezieht er vom lokalen Markt.

Gemüseterrine

300 g Möhren
2 mittelgroße Sellerieknollen
3 mittelgroße Kohlrabi
1 große Stange Lauch
150 g mageres Kalbfleisch (vom Metzger zweimal durch die feine Scheibe des Fleischwolfs drehen lassen)
300 g Crème double
1 Ei
1 TL Butter
Salz, Pfeffer

1. Möhren, Sellerie und Kohlrabi schälen. Äußere schadhafte Blätter und den Wurzelansatz vom Lauch entfernen.
2. Sellerie und Kohlrabi in 2 cm dicke Stifte schneiden, Möhren auf Terrinengröße (28 x 8 cm) zurechtschneiden.
3. Die Lauchstange längs einschneiden und für 1 Minute in kochendes Salzwasser legen. In kaltem Wasser abschrecken und auskühlen lassen.
4. Übriges Gemüse im Siebeinsatz eines Dampfdrucktopfes 2 Minuten dämpfen.
5. Das Kalbshackfleisch in einer Schüssel in ein kaltes Wasserbad (möglichst mit Eiswürfeln)

mit Kressesoße

stellen. Nach und nach Crème double und das Ei unterrühren, so daß eine geschmeidige Masse entsteht.

6. Mit Salz und frisch gemahlenem Pfeffer würzen und die Masse durch ein feines Sieb streichen.

7. Abgetropften Lauch auseinanderfächern und trockentupfen. Die Terrinenform ausbuttern und mit Lauchblättern auskleiden.

8. Abwechselnd Kalbfleischfüllung und Selleriestifte einschichten, Möhren darauflegen (Foto 1).

9. Dann abwechselnd wieder Füllung und Kohlrabistifte (Foto 2) in die Form schichten.

10. Mit Kalbfleischfüllung abschließen; alles mit den überhängenden Lauchblättern abdecken (Foto 3).

11. In einem Wasserbad im vorgeheizten Backofen bei ca. 85 Grad 45 Minuten gar ziehen lassen.

12. Die Terrine herausnehmen, stürzen und in Scheiben schneiden. Mit Kressesoße (siehe Zusatzrezepte) anrichten und servieren (Foto 4).

Geschmorte Milchlamm

2 Milchlammschultern
oder 1 kleine
Lammschulter
3 EL Olivenöl
200 g geschälte,
gewürfelte Sellerieknolle
6 große Fleischtomaten
4 Schalotten
2 Knoblauchzehen
10 zerdrückte
Pfefferkörner
2 Zweige Basilikum
⅓ l Milchlammfond
(siehe Küchenlexikon)
Salz, Pfeffer

1. Fleisch mit Salz und frisch gemahlenem, Pfeffer würzen und 1 Stunde ruhen lassen (Foto 1).

2. In heißem Olivenöl in einem Bräter rundherum braun anbraten. Lammschulter herausnehmen.
3. In einer Fettfangschale Selleriewürfel, grob zerkleinerte Tomaten, geschälte Schalotten und Knoblauchzehen, Pfefferkörner und Basilikum miteinander mischen.

schulter mit Tomaten

4. Das angebratene Fleisch darauflegen (Foto 2) und etwas von dem Fond angießen.

5. Im vorgeheizten Backofen bei 150 Grad ca. 45–55 Minuten gar ziehen lassen. Dabei immer wieder etwas Fond angießen, um das Gemüse feucht zu halten.

6. Den Braten aus dem Ofen nehmen (Foto 3).

7. Den Knochen herauslösen und das Fleisch auf einer vorgewärmten Platte warm stellen.

8. Das weichgeschmorte Gemüse durch ein grobes Sieb streichen.

9. Den Braten aufschneiden; mit der leicht dicklichen Gemüsesoße anrichten (Foto 4). Dazu passen kleine neue, in Olivenöl und Butter gebratene Kartoffeln, die man zum Schluß mit einem Zweig frischem Rosmarin aromatisiert.

Schokoladenpastete

120 g Schokoladen-kuvertüre
100 g Butter
110 g Puderzucker
5 Eigelb
½ Vanillestange
4 Eiweiß
50 g Mehl
120 g sehr fein gemahlene Mandeln
Für die Füllung:
300 g Schokoladen-kuvertüre
0,2 l Läuterzucker (siehe Küchenlexikon)
0,1 l Aprikosenlikör
einige Spritzer Weinbrand
½ Glas Aprikosenkonfitüre
etwas Kakao

1. Die Kuvertüre im heißen, nicht kochenden Wasserbad schmelzen.
2. Die Butter mit 40 g Puderzucker und dem Eigelb schaumig schlagen.
3. Die Vanillestange längs aufschlitzen, das Mark herausschaben. Das Vanillemark und die lauwarme Kuvertüre unter die Eigelb-Butter-Masse rühren.
4. Eiweiß steif schlagen. Vorsichtig zusammen mit dem gesiebten Mehl und dem übrigen Puderzucker sowie den gemahlenen Mandeln unter den Schokoladenteig heben.

mit Aprikosensoße

5. In eine ausgebutterte rechteckige oder quadratische Kastenform füllen.
6. Im vorgeheizten Backofen bei 160–180 Grad je nach Höhe der Form ca. 40–60 Minuten backen.
7. Den Kuchen in der Form möglichst einen Tag ruhen lassen (Foto 1).
8. Kuvertüre im heißen, nicht kochenden Wasserbad schmelzen lassen. Mit Läuterzucker, Likör und Weinbrand verrühren.
9. Kuchen stürzen und in 5–6 dünne Platten schneiden; eine Schicht mit Konfitüre bestreichen (Foto 2) und in die Form legen.
10. Eine Kuchenplatte auf die Konfitüre setzen, mit der Schokoladenmasse bestreichen (Foto 3).
11. Übrige Kuchenplatten abwechselnd mit Konfitüre und Schokoladenmasse darüberschichten. Die letzte Platte nicht bestreichen.
12. Alles mit einem Brettchen beschweren und ca. 2 Stunden lang im Kühlschrank durchziehen lassen.
13. Schokoladenpastete stürzen, mit Kakao überpudern und in Scheiben schneiden. Eventuell mit feinen Streifen einer unbehandelten Orangenschale und Minzblättchen anrichten (Foto 4). Dazu eine Aprikosensoße (siehe Küchenlexikon) servieren.

Kressesoße

1 großes Bund Brunnenkresse
2 gewürfelte Schalotten
1 EL Butter
¼ l Gemüsebrühe (siehe Küchenlexikon)
100 g Crème double
etwas Zitronensaft
Salz

1. Die gesäuberte Kresse zupfen und von den dicken Stielen befreien.
2. Die Schalottenwürfel in heißer Butter glasig dünsten, mit Gemüsebrühe ablöschen und aufkochen.
3. Auf etwa ⅛ l einkochen lassen und Crème double unterrühren.
4. Kresse einstreuen und die Soße mit einem Pürierstab oder im Mixer pürieren.
5. Mit Zitronensaft und Salz abschmecken.

Rehrückenfilet mit grünem und weißem Petersilienflan

750 g geputztes Rehrückenfilet (Knochen möglichst gehackt beim Einkauf mitgeben lassen)
4 EL Olivenöl
12 zerdrückte Wacholderbeeren
2 zerstoßene Lorbeerblätter
1 TL Rosmarinnadeln
1 Msp zerdrückte Knoblauchzehe
einige Petersilienstiele
50 g Butter
1 EL gehackte Schalotten
⅛ l trockener Rotwein
1 EL Portwein
Salz, Pfeffer

Für den Petersilienflan:

400 g Petersilienwurzeln mit Grün
4 Bund glatte Petersilie
2 Eier
⅛ l süße Sahne
1 TL Butter
Muskat
Salz, weißer Pfeffer

1. Das Rehrückenfilet mit einer Mischung aus Olivenöl, Wacholderbeeren, Lorbeerblättern, Rosmarinnadeln und Knoblauch einreiben. Abgedeckt 24 Stunden durchziehen lassen.
2. Dann die Gewürze sorgfältig vom Rehrückenfilet entfernen.
3. Die Rehknochen kräftig anbraten, die Gewürze vom Filet und die Petersilienstiele zugeben und alles mit 2 l Wasser ablöschen.

4. Aufkochen und bei geringer Hitze ca. 3 Stunden köcheln lassen.
5. Die Petersilienwurzeln schälen und grob würfeln. Das gesäuberte Grün und die glatte Petersilie grob hacken.
6. Die Petersilienwurzeln und das Petersiliengrün getrennt in Töpfe legen, jeweils zur Hälfte mit Wasser bedecken und ca. 3 Minuten dünsten.
7. Die Wurzeln und das Grün nacheinander in einem Sieb abtropfen lassen. Die Dünstflüssigkeiten jeweils bis auf 2 EL einkochen lassen.
8. Petersilienwurzeln und -grün separat pürieren.
9. Die jeweils dazugehörige eingekochte Dünstflüssigkeit unter die Pürees mischen.
10. Die Eier mit der Sahne verquirlen. Die eine Hälfte davon unter das weiße und die andere Hälfte unter das grüne Püree rühren.
11. Die weiße Mischung mit Salz und sehr wenig Pfeffer, die grüne zusätzlich mit Muskat abschmecken. Beide Mischungen in jeweils vier kleine, gebutterte Portionsförmchen füllen.
12. Im vorgeheizten Backofen bei 150 Grad in einem Wasserbad 15–20 Minuten stocken lassen.
13. Die Knochenbrühe durch ein mit einem Tuch ausgelegtes Sieb gießen. Die Flüssigkeit etwa zur Hälfte einkochen lassen.
14. Das Rehrückenfilet trockentupfen und in 1 EL Butter rundherum bei mäßiger Hitze ca. 15 Minuten anbraten. Herausnehmen, ca. 10 Minuten ruhen lassen.
15. Die gehackten Schalotten, Rotwein und Portwein in einen Topf geben; auf ein Drittel der Menge einkochen lassen.
16. Die eingekochte Brühe dazugießen, noch einmal auf die Hälfte einkochen lassen und durch ein feines Sieb gießen.
17. Die übrige Butter flöckchenweise unter die Soße schlagen; mit Salz und frisch gemahlenem Pfeffer abschmecken.
18. Das Rehrückenfilet aufschneiden.
19. Die Förmchen mit dem Petersilienflan aus dem Wasserbad nehmen. Den Flan vorsichtig von den Rändern lösen und auf vorgewärmte Teller stürzen. Das Fleisch ebenfalls auf die Teller plazieren und die Soße angießen.

MANFRED SCHWARZ

Es gibt begabte junge Köche und alte erfahrene. Manfred Schwarz (Jahrgang '56) hat von beiden etwas. Mehr Begabung als die meisten seiner Altersgenossen und trotz seiner jungen Jahre mehr Erfahrung als die meisten »alten Hasen« seiner Branche. Auch Kreativität muß man ihm angesichts einer so kühnen Komposition wie geräucherter Hummer-Roulade in reichlichem Maße bescheinigen. Und noch etwas zeichnet den Küchenchef vom Restaurant »Bareiss« im Kurhotel Mitteltal aus: Sein Streben nach absoluter handwerklicher Perfektion.

Die Karriere des Manfred Schwarz ist kurz und kometenhaft. Namen und Stationen sind beeindruckend: Seine Ausbildung erhielt er bei Friedrich Nagel im Gasthaus »Zum Löwen« in Stuttgart-Mühlhausen. Von dort ging er nach »Düsseldorf Hilton«. Der dortige

Küchenchef, Günter Scherrer, war der entscheidende Weichensteller seiner Karriere. Er empfahl ihn als Chef-Saucier ins »Kurhotel Mitteltal«, wo er aufgrund seiner Fähigkeiten schnell zum Sous-Chef avancierte und zusammen mit Küchenchef Paul Mertschuweit die fast 30köpfige Brigade leitete. Als Hotelier Hermann Bareiss erkannte, was für ein Talent er da an Land gezogen hatte, entschloß er sich, ein neues Restaurant mit separater Küche zu bauen. Manfred Schwarz wurde für ein Jahr freigestellt. Während dieser Zeit bereitete er sich auf seine zukünftige Aufgabe vor: Zuerst in den »Schweizer Stuben« in Wertheim, dann bei Emile Jung im Straßburger »Crocodile«, bei Heinz Winkler im »Tantris« in München, bei Franz Keller im »Schwarzen Adler« in Oberbergen. Den letzten Schliff gab ihm schließlich Hein Stucki in Basel. Die kometenhafte Karriere, die Schwarz seither absolvierte, hat etwas Atemberaubendes. Heute zählt Schwarz zu den kreativsten und handwerklich perfektesten Köchen des Landes. Er ist ein exzellenter Terrinenartist und ein sensibler Soßen-Kompositeur. Ein begnadeter Tüftler und Techniker, der handwerkliche Perfektion über alles schätzt. Vor allem seine Rouladen und Sülzen sind auch optisch wahre Meisterwerke – Kunst zum Essen, Eat-Art.

Forellenrahmsüppchen

1–2 geräucherte Forellen (beim Einkauf Kopf und Gräten entfernen lassen; die Gräten mitnehmen)
1 geputzte Lauchstange
1 Stange Staudensellerie
1 kleines Bund Dill
1 EL Butter
1 gewürfelte Zwiebel
1 Knoblauchzehe
0,3 l Weißwein
5 cl trockener Wermut
0,3 l Wasser
½ l süße Sahne
2 EL geschlagene Sahne
2 Eigelb
100 g kalte Butter
etwas Zitronensaft
1 EL geröstete Mandelblättchen
1 kleines Bund Brunnenkresse
Salz

1. Das geräucherte Forellenfilet in kleine Würfel schneiden und kühl stellen. Die Fischgräten zerhacken.
2. Das Weiße vom Lauch, die Selleriestange und den Dill feinschneiden.
3. Die zerhackten Fischgräten in 1 EL Butter andünsten; nicht bräunen.
4. Zwiebelwürfel, Gemüse und Knoblauchzehe kurz mitdünsten.
5. Mit Wein und Wermut ablöschen und das Wasser aufgießen. Aufkochen lassen und dabei den aufsteigenden Schaum abschöpfen.
6. Bei geringer Hitze ca. 20 Minuten köcheln lassen.
7. Durch ein mit einem Tuch ausgelegtes Sieb gießen und erneut aufkochen. Die Flüssigkeit auf ein Drittel einkochen lassen.
8. Die Sahne zugießen und kurz aufkochen.
9. Die geschlagene Sahne mit dem Eigelb verrühren und die Suppe damit sämig binden. Dabei darf die Suppe nicht mehr kochen.
10. Nach und nach mit einem Schneebesen kalte Butterflöckchen unterschlagen.
11. Die Suppe mit wenig Salz und Zitronensaft abschmecken. Die Forellenwürfel in vorgewärmte Suppenteller- oder -tassen geben und mit der Suppe auffüllen. Mit Kresse und Mandelblättchen garniert servieren.

Rinderfilet auf buntem

600 g Rinderfilet (Mittelstück)
2 l kräftige Rinderbrühe (siehe Küchenlexikon)
½ l badischer Ruländer
1 Kräutersträußchen (1 Stange Lauch, 1 Zweig Thymian, 1 Lorbeerblatt, einige Petersilienstiele)
12 Stangen grüner Spargel
100 g Pfifferlinge
12 Zuckerschoten
2 Zucchini
2 geschälte Möhren
2 geschälte Kohlrabi
250 g Perlzwiebeln
2 kleine Brokkoli
2 Tomaten
200 g kalte Butter
je 1 kleines Bund Kerbel, Schnittlauch, Petersilie
Salz, Pfeffer

1. Das Rinderfilet von Häutchen und Sehnen befreien und mit Küchengarn wie einen Rollbraten binden, damit es in Form bleibt.

2. Einen Liter Brühe auf die Hälfte einkochen lassen. Den Wein dazugießen und alles auf ein Drittel einkochen lassen.

3. Die übrige Brühe in einem anderen Topf aufkochen. Das Filet hineinlegen und das Kräutersträußchen zugeben.

4. Bei geringer Hitze je nach DIcke des Filets ca. 20–25 Minuten gar ziehen lassen.

5. Die weißen Spargelenden abschneiden, Pilze säubern; die Fäden der Zuckerschoten entlang der Hülsen abziehen und die Zucchinienden kappen.

6. Möhren, Kohlrabi und Zucchini in Stifte schneiden.

7. Die Perlzwiebeln schälen, den Brokkoli in Röschen zerteilen.

8. Das vorbereitete Gemüse sortenweise jeweils ca. 2 Minuten in sprudelndem Salzwasser kochen. Unter kaltem Wasser abschrecken und abtropfen lassen.

9. Die Tomaten mit kochendem Wasser überbrühen, häuten, halbieren und entkernen.

10. Die Tomatenhälften fein würfeln.

11. Das Rinderfilet aus der Brühe nehmen, abtropfen lassen und warm stellen. Das Kräutersträußchen aus der Brühe nehmen.

Gemüse mit Kräutersoße

12. Das Gemüse mit Ausnahme der Tomaten in der Rinderbrühe erhitzen.

13. Die eingekochte Weinbrühe nach und nach mit kalten Butterflöckchen binden.

14. Die Kräuter feinschneiden und mit den Tomatenwürfeln in die Soße geben. Mit Salz und frisch gemahlenem Pfeffer abschmecken.

15. Das gut abgetropfte Gemüse auf vorgewärmten Tellern wie ein Nest anrichten.

16. Das Küchengarn vom Rinderfilet entfernen, das Fleisch in dünne Scheiben schneiden und auf das Gemüse legen. Die Soße darübergießen.

Topfenpalatschinken

250 g Speisequark, wahlweise mit 20 bis 50% Fett i.Tr.
2 Eigelb
1 EL Rum
½ Vanillestange
20 g Speisestärke
20 g Mehl
2 Eiweiß
50 g Zucker
2 EL Butter
Für die Früchte:
je nach Saison 150 g frische Früchte wie z.B. Himbeeren, Brombeeren und Johannisbeeren
1 TL Johannisbeersaft
1 TL Himbeergeist
1 TL flüssiger Bienenhonig
etwas abgeriebene Schale von einer unbehandelten Zitrone
1 Zimtstange

1. Den Quark mit Eigelb, Rum, herausgeschabtem Vanillemark, Speisestärke und Mehl verrühren.
2. Das Eiweiß steif schlagen; den Zucker dabei einrieseln lassen.
3. Den Eischnee unter die Quarkmasse heben.
4. 1 TL Butter in einer Pfanne zerlassen.
5. Etwas Teig für einen dünnen Topfenpalatschinken in der Pfanne verteilen und von jeder Seite goldgelb anbacken. Dann im vorgeheizten Backofen bei 250 Grad ca. 2 Minuten backen.
6. Auf die gleiche Art weitere drei Topfenpalatschinken backen.
7. Die Früchte verlesen.
8. Johannisbeersaft, Himbeergeist, Honig, Zitronenschale und Zimt in einem kleinen Topf aufkochen lassen.
9. Die Früchte hineingeben und unter Schwenken erhitzen.
10. In ein Sieb schütten und den Saft auffangen.
11. Die Zimtstange aus den Früchten entfernen.
12. Die Topfenpalatschinken auf vorgewärmte Teller legen, die Früchte daraufgeben und alles zusammenrollen. Zum Schluß die Soße angießen. Nach Belieben mit Puderzucker bestäuben.

mit Früchten

Lachsauflauf in der Kartoffel mit Kerbelsoße

4 mittelgroße Kartoffeln (möglichst Grata)
200 g Zanderfilet
150 g Lachsfilet
4 Eier
¼ l Crème double
¼ l trockener Weißwein
Salz, Pfeffer

Für die Soße:

¼ l Fischfond (siehe Küchenlexikon)
2 gewürfelte Schalotten
2 cl trockener Sekt
2 cl Wermut
⅛ l Crème double
1 Bund Kerbel
Salz, Pfeffer

1. Die Kartoffeln schälen und ca. 15 Minuten in Salzwasser kochen.
2. Das Zander- und das Lachsfilet fein würfeln. 50 g Lachswürfel beiseite stellen, den übrigen Fisch kalt stellen.
3. Die Kartoffeln abgießen und etwas abkühlen lassen.
4. Das kalt gestellte Fischfilet mit einem Pürierstab oder in einem elektrischen Zerkleinerer pürieren.
5. 1 Eiweiß steif schlagen. Die übrigen Eier und das Eigelb, die Crème double sowie ⅛ l Weißwein mit der Fischmasse verrühren.
6. Durch ein Sieb streichen, mit Salz und frisch gemahlenem Pfeffer abschmecken.
7. Den Eischnee und die Lachswürfel vorsichtig unterheben.
8. Einen Deckel von den Kartoffeln abschneiden. Die Kartoffeln mit einem Teelöffel bis auf 1 cm Randdicke aushöhlen.
9. Die Fischfüllung so in die Kartoffeln geben, daß sie 1 cm über den Rand hinausragt.
10. Den Kartoffeldeckel daraufsetzen. Die gefüllten Kartoffeln in eine gebutterte Form stellen.
11. Den übrigen Weißwein in die Form gießen. Im vorgeheizten Backofen bei 180 Grad etwa 15–20 Minuten garen.
12. Den Fischfond mit den Schalottenwürfeln in einen Topf geben. Auf etwa die Hälfte einkochen lassen. Dann den Sekt und den Wermut zugeben.
13. Crème double unterrühren, kurz aufkochen und den gezupften Kerbel dazugeben.
14. Die Soße mit einem Pürierstab oder in einem Mixer pürieren, mit Salz und frisch gemahlenem Pfeffer abschmecken.
15. Die gefüllten Kartoffeln abgetropft auf vorgewärmten Tellern anrichten und die Soße angießen.

Frische Früchte in Muskatellergelee

¾ l Württembergischer Muskateller
je nach Süße des Weines 0,2–0,3 l Läuterzucker (siehe Küchenlexikon)
10 Blatt weiße Gelatine
1 unbehandelte Zitrone
1 unbehandelte Orange
½ Stange Zimt
400 g verlesene, gesäuberte Früchte der Saison

1. Den Wein in einen Topf gießen und mit dem Läuterzucker abschmecken.
2. Die Gelatine in kaltem Wasser einweichen.
3. Die Zitronen- und Orangenschale dünn mit einem Sparschäler abschälen, so daß Spiralen entstehen.
4. Beide Spiralen sowie den Zimt zu dem Wein geben und alles aufkochen lassen.
5. Dann durch ein Sieb gießen und die gut ausgedrückte Gelatine in dem heißen Wein auflösen. Abkühlen lassen.
6. Die Früchte in einer Glasschüssel verteilen.
7. Etwas von dem abgekühlten, aber noch flüssigen Muskatellergelee auf die Früchte gießen. Im Kühlschrank fest werden lassen.
8. Dann das übrige Muskatellergelee dazugießen.
9. Etwa 1 Stunde kühl stellen. Mit Schlagsahne servieren.

CHRISTIAN BEGYN

Zwei Gruppen von zugereisten Köchen waren in den 70er und 80er Jahren maßgeblich an der Wiederbelebung der deutschen Kochkunst beteiligt: Die Österreicher (siehe Witzigmann, Viehhauser und Lafer) und einige Elsässer wie Christian Begyn, seit vielen Jahren Küchenchef in Franz Kellers »Schwarzem Adler« in Oberbergen. Hier, an der kulinarischen Nahtstelle Europas, im alemannischen Dreiländereck Schweiz-Deutschland-Frankreich, hatte sich die Tradition des guten Geschmacks besser erhalten als anderswo.

Hier werden zwei unterschiedliche Küchentraditionen gepflegt: Die badische Regional- und die Luxusküche, also Kaiserstühler Weinbergschnecken (die gibt's tatsächlich noch) und Ochsenkotelett neben Steinbutt und Gänseleber. Den Früchten der Saison verpflichtet, kommen Kaiserstühler Schnecken Ende Mai/Anfang Juni auf die Karte, und Nußbrot wird nur im September und Oktober gebacken.

Neben den herkömmlichen Kräutern finden auch Taubnessel und wilder Fenchel Verwendung. Der Safran, der schon Mutters Kuchen »geel« machte, wird aus den Blüten einheimischer wilder Krokusse gewonnen. Und ehe Christian Begyn sich zu einer ungewöhnlichen Dessertkreation entschließt, greift er lieber auf Großmutters Naschwerk-Repertoire zurück. Zum Beispiel auf eine klassische Apfel-Charlotte oder einen Kirschwasser-Auflauf.

Solche Beharrlichkeit schafft eine eigene Qualität. Und so gehört das Haus zu jener Handvoll kulinarischer Institutionen, die alle Modeerscheinungen überdauert haben. Das ist ganz im Sinne des Patrons.

Franz Keller sen. ist Bauer, Metzger und Winzer auf der einen, wortgewandter Gastrosoph und Gentleman auf der anderen Seite, alemannischer Dickschädel und Genußmensch durch und durch. Eine Doppelstrategie, die er sowohl im »Schwarzen Adler« vertritt, dessen Tradition bis ins 15. Jahrhundert zurückreicht, als auch im Weinbau. Weinkennern ist sein Name ein Begriff als Verfechter der »Trocken-Linie« beim deutschen Wein. Seine Müller-Thurgau, Ruländer und Weißburgunder aus den Kaiserstühler Lagen »Baßgeige« und »Pulverbuck« zählen zu den besten und gefragtesten deutschen Tischweinen. Säurebetont und mit leichter Holzfaßnote sind sie Badens elegant-frische Antwort auf die schweren weißen Burgunder aus Frankreich. Sie sind so begehrt, daß Keller, der »Weinrebell vom Kaiserstuhl«, für einen im Eichenholzfaß ausgebauten Tafelwein durchaus gesunde Preise erzielt.

Fleischpastete mit Gänseleber

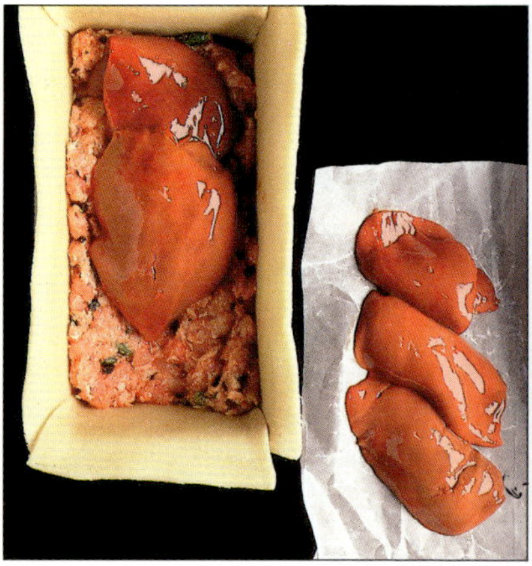

1. Das Schweine- und Kalbsrückenfleisch in ½ cm große Würfel schneiden.
2. Die Schalotten in zerlassener Butter andünsten, herausnehmen. Mit den Fleisch- und Trüffelwürfeln, Pistazien, 5 cl Trüffelsaft und dem Weißwein mischen. Mit Salz, Pastetengewürz und frisch gemahlenem Pfeffer würzen. Abgedeckt 24 Stunden im Kühlschrank durchziehen lassen. Die Gänseleber mit etwas Salz, Pfeffer, Portwein und dem übrigen Trüffelsaft marinieren, ebenfalls durchziehen lassen.
3. Den durchgedrehten Schweinebauch unter die Pastetenmasse mischen.
4. Den vorbereiteten Pastetenteig dünn, einer ca. 25 cm langen Kastenform entsprechend ausrollen und so, wie auf dem Foto zu sehen ist, ausschneiden. Die Ränder sollen etwas überstehen.
5. Den übrigen Teig von der ausgeschnittenen Fläche ablösen und wieder zusammenkneten.
6. Den ausgeschnittenen Teig in die Kastenform legen. An den Schnitträndern zusammendrücken. Den Rand ca. 2 cm überstehen lassen.
7. Die Hälfte der Fleischfüllung in die mit Teig ausgelegte Form geben, am Rand etwas hochstreichen. Die Gänseleber in die Mitte plazieren und alles mit der übrigen Füllung abdecken.

Für 10–12 Personen

je 500 g mageres Schweine- und Kalbsrückenfleisch
20 g gehackte Schalotten
30 g Butter
30 g gewürfelte Trüffel
30 g Pistazien
10 cl Trüffelsaft (siehe Küchenlexikon)
15 cl Weißwein (trockener Weißburgunder)
1 Msp Pastetengewürz
250 g rohe Gänseleber oder Geflügelleber (Häutchen und Sehnen beim Einkauf entfernen lassen)
etwas Portwein
400 g frischer Schweinebauch (durch einen Fleischwolf mit feiner Lochscheibe gedreht)
Pastetenteig (siehe Küchenlexikon)
1 Eigelb
ca. ½ l Gelee (siehe Küchenlexikon)
Salz, weißer Pfeffer

8. Glattstreichen, den überstehenden Teigrand einklappen. Den übrigen Teig ausrollen, der Kastenform entsprechend einen Deckel ausschneiden (in der Mitte ein Loch von 2,5 cm Ø ausstechen) und auf die Fleischpastete legen, am leicht angefeuchteten Rand andrücken.
9. Aus den Teigresten nach Belieben Formen ausstechen oder -schneiden.
10. Die Pastete mit verquirltem Eigelb bestreichen, die Verzierungen daraufkleben und ebenfalls mit Eigelb bestreichen. Nach Belieben aus einem Stück Aluminiumfolie einen Kamin formen und in die Pastetenöffnung stecken. Im vorgeheizten Backofen bei 200 Grad 45–60 Minuten backen. Die Pastete ist gar, wenn in der Öffnung eine klare Brühe zu sehen ist.
11. Die Pastete auskühlen lassen. Vorsichtig aus der Form nehmen. Das vorbereitete, noch flüssige Gelee hineingießen, damit der beim Garen der Pastete entstandene Freiraum ausgefüllt wird. Kühl stellen.
12. Wenn das Gelee erstarrt ist, kann die Fleischpastete in Scheiben geschnitten und serviert werden.

Hasenvorderläufe mit breiten Nudeln

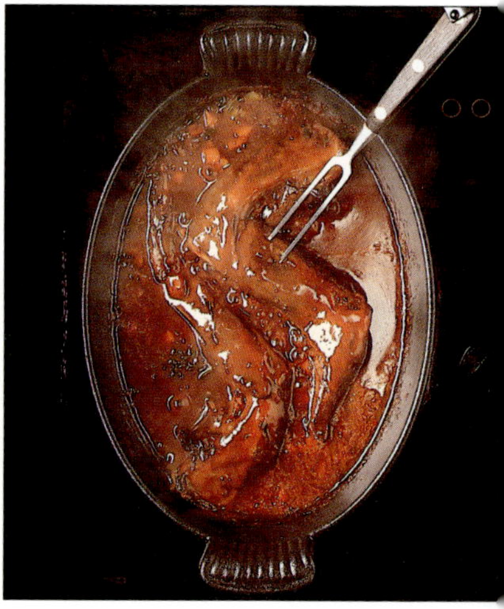

1. Die Butter in einem Bräter erhitzen.
2. Die Hasenvorderläufe in die heiße Butter legen und goldbraun anbraten.
3. Wenden und von der anderen Seite ebenfalls goldbraun anbraten.
4. Das feingeschnittene Gemüse dazugeben, die Kräuter und Gewürze ebenfalls. Alles gut anbraten und gut anschwitzen, mit Mehl bestäuben.

5. Mit dem Wildfond ablöschen.
6. Den Rotwein (Spätburgunder) dazugießen.
7. Zugedeckt ca. 45–60 Minuten bei geringer Hitze langsam schmoren lassen.

Für 6 Personen:

100 g geklärte Butter (siehe Küchenlexikon)	*1 gehackte Knoblauchzehe*	*2 l Wildfond (siehe Küchenlexikon)*
12 Hasenvorderläufe	*1 Zweig Thymian*	*2 Flaschen Rotwein (Kaiserstühler Spätburgunder)*
2 gewürfelte Zwiebeln	*2 Gewürznelken*	*3 EL Hasenblut oder Schweineblut (vorbestellen)*
1 kleine gewürfelte Sellerieknolle	*1 Lorbeerblatt*	*Salz, Pfeffer*
2 gewürfelte Möhren	*1 Zweig Petersilie*	
1 geputzte, feingeschnittene Stange Lauch	*einige zerdrückte, schwarze Pfefferkörner*	
	40 g Mehl	

8. Nach etwa der Hälfte der Garzeit mit Salz und frisch gemahlenem Pfeffer abschmecken. Die bereits weich gegarten Fleischstücke heraussuchen und auf einer vorgewärmten Platte warm stellen. Die übrigen Hasenvorderläufe weiterschmoren lassen.

9. Herausnehmen, ebenfalls warm stellen und die Schmorflüssigkeit durch ein Sieb in einen Topf gießen.

10. Die Schmorflüssigkeit auf etwa einen Liter einkochen lassen. Den Topf von der Kochstelle nehmen und das Hasenblut unter die Soße rühren. Mit Salz und gemahlenem Pfeffer abschmecken.

11. Die heiße Soße über die warm gestellten Hasenvorderläufe gießen.

12. Auf vorgewärmten Tellern anrichten. Dazu passen geröstete Weißbrotwürfel, gedünstete Waldpilze und breite, in Butter geschwenkte Nudeln.

Apfel-Charlotte mit Zwetschgenmus

1. Die Gelatine in kaltem Wasser einweichen. Das Apfelkompott und den Zucker aufkochen und gut einkochen lassen.
2. Die Gelatine gut ausdrücken und in der heißen Apfelmasse auflösen. Den Apfelweingeist unterrühren und alles auf Handwärme abkühlen lassen.
3. Die Sahne steif schlagen und unter die abgekühlte Apfelmasse heben.
4. Den vorbereiteten Biskuit in vier etwa 1 cm dicke Scheiben schneiden. Die mittleren Scheiben in Streifen schneiden, die ca. 2 cm kürzer sind als die Randhöhe der Springform (14 cm Ø).
5. Die obere Biskuitscheibe in die gesäuberte Springform hineinlegen.
6. Den Rand der Form mit den zugeschnittenen Biskuitstreifen auskleiden.

3 Blatt weiße Gelatine
250 g Apfelkompott
(siehe Küchenlexikon)
100 g Zucker
4 cl Apfelweingeist
¼ l süße Sahne

1 Biskuitkuchen Ø14 cm
(siehe Küchenlexikon)
2–3 mittelgroße Äpfel
1 EL Butter
2 EL Zucker

7. Die Apfel-Sahne-Masse in die Form geben und sorgfältig glattstreichen.
8. Den Biskuitboden darauflegen und die Torte für etwa 4 Stunden in den Kühlschrank stellen.
9. Danach vorsichtig auf eine Platte stürzen. Die gesäuberten Äpfel vierteln, entkernen und in dünne Spalten schneiden. Die Butter in einer Pfanne zerlassen, den Zucker zufügen, unter Rühren auflösen.
10. Den Apfelspalten dazugeben, von beiden Seiten leicht karamelisieren lassen. Herausnehmen und fächerförmig auf der Apfel-Charlotte anrichten.
11. Die Apfel-Charlotte vor dem Servieren in kleine Tortenstücke schneiden.
12. Auf Teller setzen und nach Belieben mit Zwetschgenmus, Zitronenmelisse, Pfefferminze oder mit Karameleis anrichten.

Rinderrücken in Spätburgundersoße

Für 2 Personen:

550–600 g Rinderkotelett mit Knochen und Fettrand
100 g Butter
3 feingehackte Schalotten
¼ l Kaiserstühler Spätburgunder
etwas Bratenfond (siehe Küchenlexikon)
Salz, Pfeffer

1. Das Kotelett mit Salz und frisch gemahlenem Pfeffer würzen.
2. Die Hälfte der Butter in einer Pfanne zerlassen.
3. Das Kotelett in der heißen Butter je nach gewünschtem Bratpunkt (rot, rosa oder durch) von jeder Seite ca. 4–8 Minuten braten. Herausnehmen, auf einer vorgewärmten Platte warm stellen.
4. Die gehackten Schalotten in dem Bratensatz des Koteletts andünsten.
5. Mit dem Rotwein ablöschen und bis auf ein Drittel der Menge einkochen lassen.
6. Etwas Bratenfond dazugeben; wenn nötig, noch etwas einkochen lassen.
7. Die übrige, geschmeidige Butter flöckchenweise unter die Soße schlagen.
8. Die Soße mit Salz und frisch gemahlenem Pfeffer abschmecken.
9. Das Fleisch vom Knochen lösen, den Fettrand entfernen. Das Fleisch in Scheiben geschnitten auf vorgewärmten Tellern anrichten und mit der Soße überziehen.

Geflügelbrust auf

2 Geflügelbrüste (die Brustknochen beim Einkauf herauslösen lassen)
50 g Butter
einige Tropfen Sherry-Essig
2 EL Geflügel- oder Kalbsfond (siehe Küchenlexikon)
ca. 100 g Salate der Saison, z.B. Feld-, Eichblatt und Frisésalat
2 EL Sherry-Essig
4 EL Öl
evtl. einige Sellerie-streifen und gezupfte Kerbelblättchen
Salz, Pfeffer

1. Die Geflügelbrüste mit Salz und frisch gemahlenem Pfeffer würzen.
2. Die Butter in einer Pfanne zerlassen und die Geflügelbrüste darin in 5–10 Minuten von allen Seiten goldbraun braten.

Auflauf von Kaiserstühler Kirschwasser

Für 2 Personen:

1 EL weiche Butter
50 g Puderzucker
2–3 Löffelbiskuits
4 cl Kaiserstühler Kirschwasser
12–14 entsteinte Sauerkirschen (frisch oder aus dem Glas)
1 gehäufter EL Konditorcreme (siehe Küchenlexikon)
2 große Eier
1 Prise Salz

1. Zwei Auflaufförmchen (10 cm Ø, 4 cm hoch) mit Butter auspinseln und mit Puderzucker ausstreuen.
2. Den Boden der Förmchen mit den Löffelbiskuits auslegen, je 1 EL Kirschwasser darüberträufeln.
3. Die Sauerkirschen über die mit Kirschwasser getränkten Löffelbiskuits verteilen.
4. Die Konditorcreme mit dem Eigelb sowie dem übrigen Kirschwasser in einer Schüssel verrühren.
5. Das Eiweiß steif schlagen, dabei eine Prise Salz zufügen. Mit Puderzucker abschmecken. Vorsichtig unter die Creme heben.
6. Auf die Kirschen in die Förmchen geben (dabei den Rand nicht berühren). Im vorgeheizten Backofen bei 180–200 Grad 15–20 Minuten backen.
7. Mit Puderzucker bestreuen und sofort servieren.

kleinem Salat

3. Einige Tropfen Sherry-Essig in die Pfanne geben und die Geflügelbrüste sofort herausnehmen.
4. Auf einer vorgewärmten Platte warm stellen.
5. Den Bratensatz mit dem Fond ablöschen und eventuell einkochen lassen.
6. Die Salate verlesen, säubern, trockentupfen.
7. Sherry-Essig, Salz, frisch gemahlenen Pfeffer und Öl verrühren.
8. Die Salate durch die Essig-Öl-Soße ziehen, abgetropft auf Teller legen.
9. Die Geflügelbrüste in Streifen schneiden und auf dem Salat anrichten.
10. Zum Schluß mit dem Bratenfond überziehen und servieren.
11. Nach Belieben mit Selleriestreifen und Kerbelblättchen garnieren.

HEINZ WINKLER

Wer ins »Tantris« geht, darf keine Schwellenangst haben! Schon beim Betreten des Hauses wird dem Gast in aller Deutlichkeit bewußt, daß sich hinter der imposanten Betonfassade, bewacht von steinernen Fabelwesen, ein Luxus-Restaurant eigener Prägung mit exzentrischem Flair verbirgt. Das Innere wirkt, als habe es ein Pop-Architekt als sakral-futuristischen Bau für eine sinnenfrohe Gemeinde eingerichtet. Dies ist ein Restaurant, in dem unter Leitung des umsichtigen Restaurantchefs Peter Kluge wirklich alles stimmt bis auf das vielzitierte Tüpfelchen auf dem i.

Heinz Winkler, einer der Großen in der deutschen Gastronomie, hat fast alle Auszeichnungen gewonnen, die ein Koch erreichen kann. Längst schon steht er auf eigenen Füßen, hat er seinen eigenen Stil entwickelt, und der Erfolg gibt ihm Recht! Winkler und das »Tantris« heute - das ist eine individuelle Kreativität, die sich nicht auf Schlagworte festlegt. Als er hier, am Rande Schwabings, Nachfolger von

Eckart Witzigmann wurde, übernahm er eine schwere Hypothek. Doch das schwächte ihn nicht. Für ihn war es eher eine Herausforderung, der er sich gerne stellte.
Im Hotel »Laurin« in Bozen ausgebildet, brachte der Südtiroler alle Voraussetzungen mit, die den großen Koch ausmachen: exakte Grundkenntnisse, hervorragenden Geschmackssinn, Organisationstalent, Produktbewußtsein und gezügelte Phantasie. Winklers Kochverständnis basiert auf den Prinzipien der Neuen Küche: Frische Produkte, kurze Garzeiten, ernährungsbewußte Zubereitung. Doch er gehört zugleich zu den Köchen, die mit Erfolg der regionalen deutschen Küche wieder zu Ehren verhelfen. Seine Sorgfalt beim Nachkochen oder Erfinden von Rezepten, sein bescheidenes Auftreten und die realistische Einschätzung seiner Möglichkeiten unterscheiden Winkler wohltuend von manchen Küchenmeistern der europäischen Gastronomie-Szene.

Heinz Winkler gehört zur kleinen Gruppe deutscher Meisterköche, die den Ruf einer regionalbezogenen Neuen Küche begründeten und tagtäglich beweisen, wie gut Deutsche Küche sein kann. Für ihn muß es nicht immer Gänseleber sein. Auch wenn er sich darauf natürlich genauso meisterhaft versteht. Winkler ist ein begnadeter Handwerker und Organisator. Nur so ist es machbar, daß im »Tantris«, einem Restaurant mit immerhin 100 Plätzen, genausogut gekocht wird wie in einem kleinen Lokal, dessen kochender Patron gerade 20 Couverts am Abend herausgeben muß.

Grünkernsuppe

100 g Grünkern, über Nacht in kaltem Wasser eingeweicht	*30 g Butter*
25 g gewürfelte Zwiebel	*1 Stück Räucherknochen (z. B. vom Kasseler)*
25 g feingeschnittener Lauch	*1,2 l gute Fleischbrühe (siehe Küchenlexikon)*
25 g fein gewürfelte Möhre	*100 g Crème double*
25 g fein gewürfelte Sellerieknolle	*etwas gehackte Petersilie*
	Salz, weißer Pfeffer

1. Den eingeweichten Grünkern in ein Sieb schütten und abtropfen lassen.
2. Zwiebel, Lauch, Möhre und Sellerie in 10 g zerlassener Butter andünsten. Die übrige Butter kalt stellen.

mit Gemüse

3. Den Grünkern und den Räucherknochen zu dem Gemüse geben.
4. Die Fleischbrühe aufgießen, alles aufkochen und bei geringer Hitze etwa 45–60 Minuten köcheln lassen. Dann den Knochen mit einer Schaumkelle aus der Suppe nehmen.
5. Die Crème double unterrühren und die Suppe mit der kalten, flöckchenweise untergeschlagenen Butter binden.
6. Mit Salz und frisch gemahlenem Pfeffer gut abschmecken. Die Suppe nach Belieben durch ein Sieb gießen.
7. Das Gemüse und den Grünkern beiseite stellen.
8. Die Suppe schaumig aufmixen und die Petersilie dazugeben.
9. In vorgewärmten Suppentellern anrichten; das Gemüse und den Grünkern als Einlage in die Suppe geben. Nach Belieben mit gezupften Kerbelblättchen garnieren.

Jungschweinsrücken

1 kg Jungschweinsrücken
(beim Einkauf in der Rückenmitte längs zerteilen und vom Knochen lösen lassen; die gehackten Knochen für die Soße mitnehmen)
4 Scheiben grüner Speck (15 x 20 cm groß)
einige Basilikumblätter
etwas Thymian
etwas Rosmarin
1 EL Öl

1 geputzte Möhre
1 geputzte Stange Lauch
1/2 Zwiebel
0,1 l Weißwein
0,3 l Bratenfond (siehe Küchenlexikon)
3 TL feingeschnittene Kräuter (Basilikum, Kerbel, Petersilie)
Salz, Pfeffer

Für den Salzteig:

400 g Salz
400 g Mehl
2 Eier
0,15 l Wasser
1 Eigelb

im Salzteig

1. Zuerst den Salzteig zubereiten: Salz, Mehl, Eier, Wasser miteinander verkneten, für 1 Stunde in den Kühlschrank stellen.
2. Die Haut von den beiden Hälften des Jungschweinsrückens sorgfältig entfernen. Das Fleisch leicht mit Salz und frisch gemahlenem Pfeffer würzen.
3. Je zwei Speckscheiben nebeneinander legen und das Fleisch daraufsetzen.
4. Die beiden Fleischrücken mit den Kräutern belegen und mit dem Speck umwickeln.
5. Die gehackten Knochen in heißem Öl rundherum braun braten.
6. Möhre, Lauch und Zwiebel grob würfeln und mitbraten. Alles gut durchrühren.
7. Mit dem Weißwein ablöschen, den Bratenfond dazugießen und alles ca. 10 Minuten kochen lassen.
8. Den Salzteig auf einer bemehlten Arbeitsfläche ca. 1½ cm dick ausrollen und das mit dem Speck umwickelte Fleisch der ursprünglichen Jungschweinsrückenform entsprechend daraufsetzen.
9. Vollständig in den Teig einhüllen, mit verquirltem Eigelb bestreichen und auf ein Backblech legen.
10. Im vorgeheizten Backofen bei 250 Grad 12–14 Minuten backen.
11. Die Soße durch ein feines Sieb gießen, mit Salz und frisch gemahlenem Pfeffer abschmekken.
12. Den gebackenen Jungschweinsrücken aus dem Backofen nehmen. Den Salzteig mit einem Sägemesser aufschneiden, das Fleisch herausziehen, den Speck und die Kräuter entfernen.
13. Das Fleisch in den feingehackten Kräutern wälzen, in 1 cm dicke Scheiben schneiden und mit der Soße auf vorgewärmten Tellern anrichten. Dazu Spitzkohl mit Basilikumpaste servieren (siehe Zusatzrezepte).

Holundermaultaschen

Für 8 Personen:

700 g gewaschene, von den Stielen gestreifte Holunderbeeren
80 g Gelierzucker
4 reife entsteinte Zwetschgen
1 unbehandelte Zitrone
1 unbehandelte Orange
½ Zimtstange
700 g Magerquark
50 g warme Butter
3 Eier
Saft und Schale von ½ unbehandelten Zitrone
3 EL Zucker
150 g zwei Tage altes, geriebenes Weißbrot
Salz

Für die Butterbrösel:

120 g Butter
100 g Semmelbrösel
80 g Zucker
1 TL Zimt

1. Die Hälfte der Holunderbeeren mit Gelierzucker, Zwetschgen, Zitronen- und Orangenschale sowie der Zimtstange in einen Topf geben und bei geringer Hitze zugedeckt 10–15 Minuten ziehen lassen.

2. Dann in ein mit einem Tuch ausgelegtes Sieb gießen, den Saft auffangen und die Früchte mit dem Tuch ausdrücken.

mit Birnenkompott

3. Die übrigen Holunderbeeren in dem Saft kurz weichdünsten und für etwa 2 Stunden in den Kühlschrank stellen.
4. Den Quark mit einem Tuch gut ausdrücken, so daß er fast trocken ist.
5. Durch ein Sieb streichen, die Butter und die Eier unterrühren.
6. Die Quarkmasse ca. 20 Minuten stehenlassen, zwischendurch mehrmals kräftig durchschlagen.
7. Zitronensaft und -schale, Zucker, geriebenes Weißbrot und eine Prise Salz unter die Quarkmasse rühren. Weitere 30 Minuten ruhen lassen, gut durchrühren.
8. Aus der Quarkmasse Knödel mit einem Gewicht von jeweils 80 g formen und auf die eine Hälfte eines nassen Tuches legen.
9. Die andere Hälfte des Tuches darüberlegen und die Knödel flachdrücken, so daß Scheiben von 12 cm Ø entstehen.
10. Das Tuch zurückschlagen und je 1 EL der abgekühlten Holunderbeermasse in die Mitte der Quarkteigscheiben geben.
11. Den Quarkteig vorsichtig zusammenklappen, so daß eine halbmondförmige Maultasche entsteht, und die Teigränder fest zusammendrücken.
12. Die Maultaschen in leicht gesalzenes kochendes Wasser geben und etwa 5–6 Minuten darin gar ziehen lassen.
13. Die Butter schmelzen lassen und die Semmelbrösel hineinstreuen.
14. Unter Rühren goldgelb dünsten und den Zucker sowie den Zimt untermischen.
15. Die abgetropften Maultaschen in den Butterbröseln wenden und auf Tellern anrichten. Nach Belieben mit Puderzucker bestäuben. Dazu ein lauwarmes Birnenkompott servieren (siehe Zusatzrezepte).

Spitzkohl mit Basilikumpaste

1 kleiner Kopf Spitzkohl
80 g grüner Speck
30 Basilikumblätter
1 Knoblauchzehe
8 g frischer Kerbel
3 g getrockneter Thymian
Salz

1. Die äußeren schadhaften Blätter vom Spitzkohl ablösen.
2. Die inneren Blätter (bis auf den Kohlstrunk und die dicken Blattrispen) in ca. 3 x 3 cm große Stücke schneiden.
3. Den geschnittenen Kohl in kochendes Salzwasser schütten und in etwa 2–3 Minuten knakkig garen.
4. Zum Abtropfen in ein Sieb schütten.
5. Speck, Basilikum, geschälte Knoblauchzehe, Kerbel und Thymian zweimal durch einen Fleischwolf mit feiner Lochscheibe drehen oder in einem Zerkleinerer zu einer feinen Paste verarbeiten. Mit Salz abschmecken.
6. Den abgetropften Spitzkohl in einem großen Topf mit einer beliebig großen Menge der Basilikumpaste unter ständigem Hin- und Herschwenken erhitzen.

Birnenkompott

½ Vanillestange
¼ l Birnensaft
0,1 l trockener Sekt
Saft von ½ Zitrone
1 EL Speisestärke
4 Williams Christbirnen
1 Spritzer Williams Christbirnenschnaps

1. Die Vanillestange längs aufschlitzen, das Mark herausschaben.
2. Birnensaft, Sekt, Zitronensaft und Vanillemark miteinander aufkochen lassen.
3. Die Speisestärke mit etwas Wasser verrühren und die aufgekochte Flüssigkeit damit binden.
4. Die Birnen schälen, vierteln, entkernen und in die Soße geben.
5. Bei geringer Hitze ca. 3–5 Minuten darin gar ziehen lassen. Das Kompott mit dem Williams Christbirnenschnaps abschmecken.

Zwetschgenterrine mit Weinbrand-Sahne

450 g reife Zwetschgen
35 g Zucker
3 Blatt weiße Gelatine
abgeriebene Schale von einer unbehandelten Orange
12 g gehobelte Mandeln
10 g geriebene Pistazien
1 EL Weinbrand
1 EL Zwetschgenschnaps

Für die Weinbrandsahne:

¼ l süße Sahne
1 TL Puderzucker
5 EL Weinbrand

1. Die Zwetschgen waschen, entsteinen und mit dem Zucker in einem Topf zugedeckt bei geringer Hitze etwa 15–20 Minuten garen.
2. Die Gelatine in kaltem Wasser einweichen.
3. Die Zwetschgen in ein Sieb schütten, den Saft auffangen.
4. Den Zwetschgensaft dickflüssig einkochen lassen und die gut ausgedrückte Gelatine in dem heißen, nicht kochenden Saft auflösen.
5. Orangenschale, Mandeln und Pistazien zufügen.
6. Weinbrand und Zwetschgenschnaps ebenfalls unter den Saft mischen, Zwetschgen darunterrühren.
7. Alles in eine entsprechend große Kastenform füllen und für mindestens 4 Stunden in den Kühlschrank stellen.
8. Kurz vor dem Servieren die Sahne halbsteif schlagen; dabei den Puderzucker einstreuen.
9. Die Sahne mit dem Weinbrand aromatisieren.
10. Die Zwetschgen-Terrine aus dem Kühlschrank nehmen, stürzen und mit einem Elektromesser in Scheiben schneiden.
11. Mit der Weinbrandsahne anrichten.

ANTON LANZ

Sein Restaurant heißt schlicht Stockenweiler wie der Ortsteil des kleinen Voralpendorfes Hergensweiler im Allgäu zwischen Wangen und Lindau. Solche Bescheidenheit ist eine der herausragenden Charaktereigenschaften von Anton Lanz, der sich hier vor ein paar Jahren in einer ehemaligen Brauereigaststätte seines Heimatdorfes selbständig machte. Dabei hätte er mehr Grund, die Werbetrommel zu rühren, als mancher andere, der jahraus, jahrein kulinarische Sensationen kreiert. Lanz zählt zu jener legendären Küchenbrigade, mit der sich der Wahlmünchner Witzigmann die ersten Tantris-Lorbeeren erkochte. Mancher Kenner behauptet, daß es in dem Münchner Gourmet-Tempel nie mehr einen so guten Fischkoch gegeben habe wie damals.

Er hätte sicher in München eine brillante Karriere gemacht, aber private Gründe zogen ihn ins heimatliche Dorf zurück. Von der glücklichen Hand, die Lanz bei der Fischzubereitung hat, kann man sich auch heute noch überzeugen. Auf der Speisekarte findet man nicht nur Meeresfische wie Steinbutt und Seeteufel, sondern vor allem frische Süßwasserfische aus dem nahen Bodensee. Bei Anton Lanz braucht sich der Gourmet aber nicht zu genieren, wenn ihm der Sinn nach einem Jäger- oder Wiener Schnitzel steht. Der passionierte Pilzsammler Lanz hat vor allem für das erste vollstes Verständnis und hält daher bestes Kalb-, aber auch Schweinefleisch stets im Kühlhaus parat.

Lanz kocht einfach, klar und ohne Schnörkel; er verwendet mit Vorliebe heimische Produkte. Rahm und Milch liefert ihm der Bauernhof des Bruders, Gemüse und Kräuter bezieht er von der Gärtnerei der Schwester. Gern spielt er mit den Geschmacksnuancen der traditionellen bäuerlichen Küche des Voralpenlandes. Kümmel-Essig-Soße gehört bei ihm ganz selbstverständlich zum Kalbsbries.

Die Ausstattung des Lokals ist bewußt sehr schlicht gehalten. Anton Lanz investierte mehr in seinen Weinkeller als in Sitzmöbel. Die ersten Jahre als Geheimtip auf dem Lande waren hart. Nur wenige Gäste fanden den Weg nach Hergensweiler, das man kaum auf einer Landkarte entdeckte. Das hat sich aber inzwischen gründlich geändert. Die Gäste kommen über den Bodensee aus der nahen Schweiz, aus dem ganzen süddeutschen Raum. Bis in den Norden hat es sich herumgesprochen, daß der junge Patron Anton Lanz, bei dem sich Einfachheit mit perfektem Handwerk und Kreativität paart, zu den wahren Könnern seiner Zunft gehört.

Kalbszunge mit Frühlingszwiebeln

2 mittelgroße Kalbszungen
1 kleine geputzte Stange Lauch
1 geviertelte Zwiebel
1 geschälte Möhre
8 schwarze Pfefferkörner
4 EL Weißweinessig
4 EL Estragon-Essig
2 EL Wasser
8 EL Sonnenblumenöl
8 Frühlingszwiebeln
2 Zweige Majoran
2 Zweige Thymian
Salz, Pfeffer

1. Die Kalbszungen unter kaltem Wasser abspülen, trockentupfen.
2. Lauch, Zwiebel, Möhre und Pfefferkörner in ca. 2–3 l Wasser aufkochen.
3. Die Kalbszungen in die kochende Flüssigkeit legen. Bei geringer Hitze ca. 45–50 Minuten köcheln lassen (Foto 1)
4. Den Topf mit den Kalbszungen von der Kochstelle nehmen (Foto 2) und auf Handwärme abkühlen lassen.
5. Weißwein- und Estragon-Essig, Wasser, Salz und frisch gemahlenen Pfeffer verrühren. Dann das Sonnenblumenöl unterrühren.
6. Die Frühlingszwiebeln putzen. Die Hälfte davon feinschneiden.
7. Die abgekühlten Kalbszungen aus der Brühe nehmen und die Haut abziehen (Foto 3).
8. Die Kalbszungen längs in dünne Scheiben schneiden (Foto 4) und auf vier Teller plazieren.
9. Mit je einer ganzen Frühlingszwiebel garnieren, die übrigen darübergeben. Mit den gezupften Majoran- und Thymianblättchen bestreuen und die gut durchgerührte Salatsoße löffelweise darübergeben.

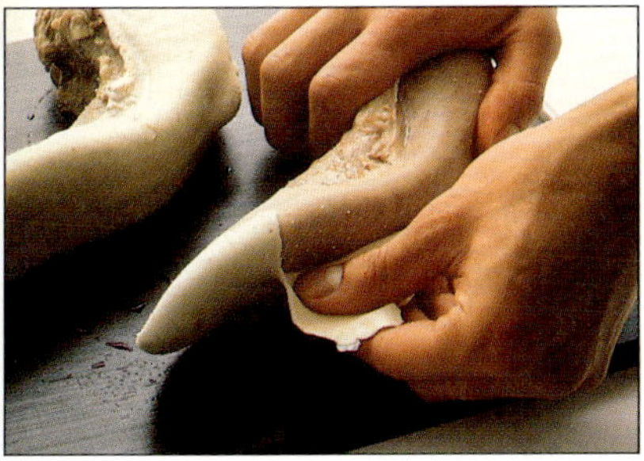
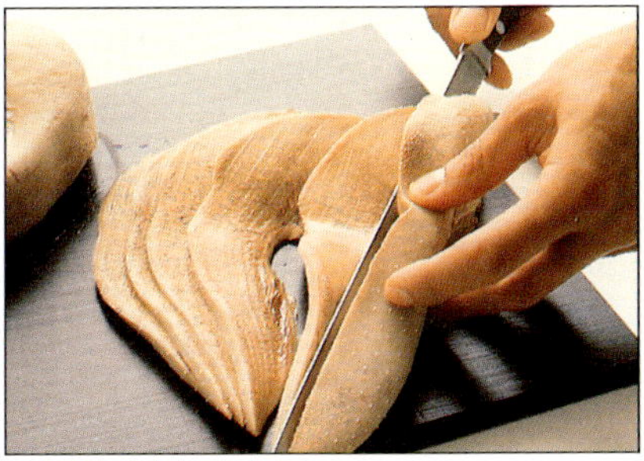

Jägerschnitzel mit gemischten Pilzen

4 Schweineschnitzel à ca. 180 g, aus dem Rücken geschnitten
2 EL Öl
1 EL Butter
40 g gewürfelte Zwiebeln
500 g geputzte, gemischte Pilze (z.B. Champignons, Maronenröhrlinge, Pfifferlinge, Austernpilze)
2 cl trockener Riesling
0,4 l süße Sahne
1 Msp. Edelsüß-Paprika
1 EL gehackte Petersilie
1 EL Schnittlauchröllchen
etwas gezupfter Kerbel
1 EL geschlagene Sahne
Salz, Pfeffer

1. Die Schnitzel mit Salz und frisch gemahlenem Pfeffer würzen.
2. Das Öl in einer Pfanne erhitzen, die Butter dazugeben und die Schnitzel von jeder Seite etwa 2 Minuten braten (Foto 1).
3. Herausnehmen und auf einer vorgewärmten Platte warm stellen.
4. Die Zwiebelwürfel im Bratfett andünsten und die je nach Größe halbierten oder geviertelten Pilze dazugeben (Foto 2).
5. Mit dem Weißwein ablöschen und die Sahne dazugießen (Foto 3).
6. Dicklich einkochen lassen und mit Paprika, Salz und frisch gemahlenem Pfeffer abschmekken.
7. Die Kräuter und die geschlagene Sahne zugeben (Foto 4) und kurz durchschwenken.
8. Die Schnitzel auf vorgewärmten Tellern anrichten und die Mischpilze darübergeben. Dazu Spätzle und einen Feldsalat mit knusprig gebratenen Bauchspeckwürfeln servieren.

Bayerischer Beeren-Cocktail

250 g verlesene Himbeeren
4 EL Zucker
4 cl Rotwein
2 cl Himbeergeist
3 Blatt weiße Gelatine
250 g rote Johannisbeeren
2 cl Johannisbeerlikör
150 g Brombeeren
150 g Heidelbeeren
2 Eigelb
40 g Zucker
150 g süße Sahne
evtl. etwas Zitronenmelisse

1. 100 g Himbeeren mit 2 EL Zucker und 2 cl Rotwein in einen Topf geben, kurz aufkochen lassen.
2. Dann mit einem Pürierstab (Foto 1) oder in einem Mixer pürieren.
3. Das Himbeerpüree durch ein Sieb streichen, damit die Kernchen zurückbleiben, und mit dem Himbeergeist abschmecken (Foto 2).

4. Gelatine in kaltem Wasser einweichen.
5. Die Johannisbeeren waschen und mit einer Gabel von den Stielen streifen. 100 g der Früchte wie die Himbeeren mit Zucker und Rotwein aufkochen. Ebenfalls durch ein Sieb streichen.
6. Johannisbeerlikör in einem kleinen Topf erwärmen und 2 Blatt der ausgedrückten Gelatine darin auflösen (Foto 3).
7. Diese Flüssigkeit zu dem Johannisbeerpüree gießen und unterrühren.
8. Etwa 5 EL von dem Himbeerpüree für die Creme beiseite stellen.
9. Das Johannisbeerpüree mit dem übrigen Himbeerpüree mischen.
10. Einige der anderen gesäuberten und verlesenen Früchte für die Garnitur zurücklassen. Die übrigen auf vier Gläser verteilen und die Fruchtpüreemischung darübergeben. Kühl stellen.
11. Das Eigelb und den Zucker in einem heißen, nicht kochenden Wasserbad zu einer dicklichschaumigen Masse aufschlagen (Foto 4), bis sich eine Rose (Foto 5) abziehen läßt (siehe Küchenlexikon).
12. Die übrige, gut ausgedrückte Gelatine in der heißen Masse auflösen. Das beiseite gestellte Himbeerpüree unterrühren und die Masse kühlstellen.
13. Die Sahne steif schlagen und unter die leicht gelierende Himbeer-Eischaum-Masse heben (Foto 6).
14. Diese Creme auf die abgekühlte Fruchtmasse in die Gläser füllen. Mit frischen Früchten und eventuell mit Zitronenmelisseblättchen anrichten (Foto gegenüber).
Variation: Beide Fruchtpürees mit der aufgelösten Gelatine verrühren, unter die Eischaummasse rühren und kühl stellen. Sobald die Masse leicht zu gelieren beginnt, die Früchte und die steif geschlagene Sahne unterheben.

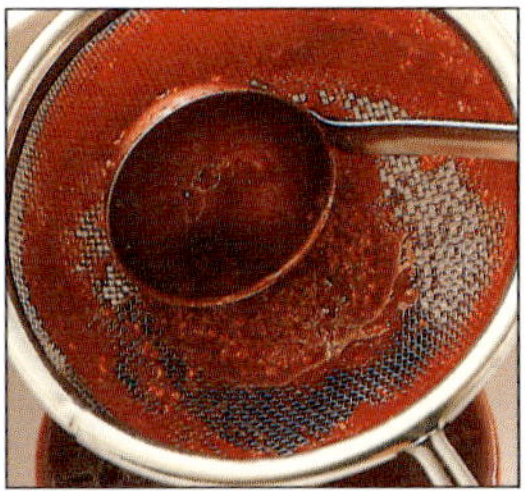

Schupfnudeln mit Früchtekompott

600 g mehligkochende Kartoffeln
200 g Mehl
2 Eier
100 g Zucker
100 g Butter
20 g Puderzucker
50 g gemahlener Mohn

Für das Früchtekompott:

50 g geschälte, gewürfelte Äpfel
50 g geschälte, entkernte und gewürfelte Birnen
50 g entsteinte Pflaumen
50 g entsteinte Kirschen
50 g geputzte Brombeeren
50 g geschälte, entsteinte Pfirsiche
50 g Butter
100 g Zucker
0,1 l Weißwein
etwas Orangenlikör

1. Die ungeschälten Kartoffeln ca. 20 Minuten kochen, abgießen und auf ein Backblech legen.
2. Im vorgeheizten Backofen bei 200 Grad etwa 5 Minuten ausdämpfen lassen.
3. Das Backblech aus dem Backofen nehmen und die Kartoffeln pellen.
4. Die Kartoffeln durch eine Kartoffelpresse drücken oder durch ein Sieb streichen.
5. Die pürierte Kartoffelmasse mit dem Mehl, den Eiern und dem Zucker zu einem Teig verkneten; 1 Stunde im Kühlschrank ruhen lassen.
6. Inzwischen die Früchte in der Butter andünsten.
7. Den Zucker unterrühren und den Weißwein zugießen.
8. Kurz aufkochen lassen, das Kompott mit Orangenlikör abschmekken und beiseite stellen.
9. Den Kartoffelteig mit bemehlten Händen walzen.
10. Hieraus 5 cm lange, fingerdicke Nudeln formen.
11. Die Nudeln in heißes Salzwasser geben und kurz aufkochen lassen.
12. Mit einer Schaumkelle herausheben und abtropfen lassen.
13. Die Butter in einer Pfanne zerlassen, die Schupfnudeln hineinschütten und unter Schwenken etwas anbräunen lassen.
14. Auf vorgewärmten Tellern anrichten und mit dem Puderzucker sowie dem gemahlenen Mohn bestäuben. Das Früchtekompott separat dazu servieren.

Möhren-cremesuppe

300 g geschälte Möhren
75 g geschälte, mehligkochende Kartoffeln
1 kleine geputzte Stange Lauch
1 gewürfelte Zwiebel
50 g Butter
0,3 l Geflügelbrühe (siehe Küchenlexikon)
0,15 l süße Sahne
2 EL geschlagene Sahne
etwas frischer Kerbel
Salz, weißer Pfeffer

1. Die Möhren und die Kartoffeln grob würfeln.
2. Den Lauch feinschneiden und zusammen mit den Zwiebelwürfeln in der zerlassenen Butter andünsten.
3. Die Möhren- und Kartoffelwürfel dazugeben, kurz mitdünsten und die Geflügelbrühe aufgießen.
4. Aufkochen lassen und zugedeckt bei geringer Hitze 20 Minuten garen.
5. Anschließend mit einem Pürierstab oder in einem Mixer pürieren und durch ein Sieb gießen. Die im Sieb verbliebenen Reste mit einem Löffel durchstreichen.
6. Die Sahne dazugießen und die Suppe erneut aufkochen lassen.
7. Mit Salz und frisch gemahlenem Pfeffer abschmecken und die geschlagene Sahne unterziehen.
8. Die Suppe in vorgewärmten Suppentassen anrichten und mit Kerbelblättchen garnieren.

Kleines Lexikon zur Neuen Deutschen Küche

Alphabetisch geordnet finden Sie hier ein Glossar von Begriffen, deren Kenntnis im Rezeptteil dieses Buches weitgehend vorausgesetzt wird.

Abbrennen,
einen Teig, z. B. Brandteig, in einem Topf bei mittlerer Hitze so lange mit einem Kochlöffel bearbeiten, bis sich ein glatter Kloß und auf dem Topfboden ein weißer Belag gebildet hat.

Ablöschen,
das Lösen von Röststoffen, die beim Braten entstehen, durch Wasser, Brühe, Fond oder Sahne, um daraus eine Soße zuzubereiten. Tip: Das Bratfett vor dem Ablöschen abgießen. Es enthält Bitterstoffe und ist schwer verdaulich.

Apfelkompott
Eine Stange Zimt, 150 g Zucker und 0,2 l Wasser miteinander aufkochen. 500 g Äpfel schälen, vierteln, entkernen und in Spalten schneiden. Die Apfelspalten etwa fünf Minuten in dem heißen Zuckersirup köcheln lassen. Dann in ein Sieb gießen und den Saft auffangen. Apfelschalen und Kerngehäuse ebenfalls ca. 5 Minuten in dem Saft kochen. Die Apfelspalten in eine Schüssel geben und den durch die Kerngehäuse und Schalen sehr aromatisch gewordenen Saft durch ein feines Sieb darübergießen.

Aprikosensoße,
die zur Schokoladenpastete serviert wird: ein halbes Glas Aprikosenkonfitüre mit einem Achtelliter Aprikosensaft verrühren, kurz aufkochen lassen und mit Aprikosenlikör sowie einem Spritzer Weinbrand abschmecken.

Austernpilze, Austernseitlinge,
auch Pleurotons. Wegen ihres feinen Geschmacks als Kalbfleischpilze bezeichnet, sind als Zuchtpilze ganzjährig im Angebot. Aussehen: bis zu 15 cm breiter, blaugrauer bis brauner Hut mit eingerolltem Rand. Die silbergrauen, maximal handtellergroßen Pilze schmecken am besten. Austernpilze enthalten hochwertige Nähr- und Mineralstoffe.

Basilikum,
süßlich pfeffriges Küchenkraut aus Südeuropa. Die zartgrünen Blättchen duften sehr aromatisch. Basilikum harmoniert ganz ausgezeichnet mit frischen Tomaten und ist das ideale Gewürz zu Tomatensoße, Nudel- und Geflügelgerichten.

Bayerische Creme,
auch Crème bavaroise oder Bavarois genannt. Das Grundrezept: Eine Vanillestange der Länge nach aufschneiden, das Mark herausschaben und beides in einem halben Liter Vollmilch aufkochen. Vier Eigelb und 100 g Zucker schaumig schlagen. Die Vanillestange aus der Milch nehmen und die heiße Vanillemilch unter ständigem Rühren zur Eigelb-Zucker-Masse geben. Alles in den Topf zurückgießen, unter ständigem Rühren so lange erhitzen, bis sich eine Rose abziehen läßt (siehe dort). Nicht kochen, sonst gerinnt das Ei! Fünf Blatt eingeweichte, ausgedrückte weiße Gelatine in der heißen Masse auflösen. Die Creme durch ein feines Sieb gießen und unter Rühren abkühlen. Wenn die Creme zu gelieren beginnt, einen halben Liter steif geschlagene Sahne unterheben.

Beifuß,
auch Gänse- oder Johanniskraut, dient vorwiegend zum Würzen fetter Speisen wie Aal, Schmalz, Schweine- oder Gänsebraten und von Gerichten

mit Speck oder Schinken. Beifuß ist frisch und getrocknet im Handel.

Biskuit,
sehr leichte Tortenmasse. Das Grundrezept für einen Biskuitboden mit 22 cm Durchmesser: Sechs Eigelb und 175 g Zucker in einem heißen Wasserbad (siehe dort) zu einer dicken Creme aufschlagen. Herausnehmen und 150 g Mehl darübersieben. 90 g lauwarme flüssige Butter dazugießen und ein Drittel von sechs steif geschlagenen Eiweiß zufügen. Alles vorsichtig miteinander mischen und den übrigen Eischnee unterheben. Den luftigen Teig in eine gebutterte, mit Mehl ausgepuderte Springform geben, glattstreichen und im vorgeheizten Backofen bei 180 Grad etwa 35 Minuten backen. Herausnehmen, ein Kuchengitter auf den noch warmen Biskuit legen und den Kuchen stürzen. Die Backform entfernen und den Biskuit vor dem Aufschneiden etwa 60 Minuten auskühlen lassen. Für Biskuitbrösel, die beim gebackenen Lindenhonigeis benötigt werden, den aufgeschnittenen, leicht trockenen Biskuit zerbröseln.

Bohnenkraut,
auch Pfefferkraut, wird seit Jahrhunderten als Würze zu deftigen Gerichten gegeben. Der pfeffrige, würzkräftige Geschmack der Bohnenkrautblätter wird in Bohnen-, Sauerkraut-, Eintopfgerichten und beim Hammelbraten sehr geschätzt.

Borretsch,
wegen des intensiven Duftes und Gurkengeschmacks auch Gurkenkraut genannt. Die jungen Blätter werden feingeschnitten und zum Würzen von Suppen, Kohlgerichten, Blatt- und Gurkensalaten verwendet.

Bratenfond,
siehe Fond.

Braune Butter,
auch Nußbutter genannt. Es handelt sich dabei um geklärte Butter (siehe dort), die durch längeres Erhitzen eine hellbraune Farbe und einen leicht nußartigen Geschmack angenommen hat. Vor der Verwendung gießt man die braune Butter durch ein feines Sieb.

Brunnenkresse,
dunkelgrünes Kraut, das wild an Bächen und in alten Brunnen wächst. Die saftigen Blätter haben einen bitterscharfen, pikanten Geschmack. Brunnenkresse ist nicht identisch mit Gartenkresse (siehe Kresse).

Buchweizen,
auch Heidekorn genannt, weil diese Getreideart auch auf ärmsten Heideböden wächst. Buchweizen wird unter anderem als Mehl für Buchweizenkuchen (Spezialität in der Lüneburger Heide) und für Nudeln verwendet.

Entfetten
Fachausdruck für die Verfeinerung von Suppen, Fleischbrühe (siehe dort) und Soßen durch Entfernen des mitgekochten Fettes. Methode Nr. 1: Küchenpapier oder Papierserviette über die Oberfläche der heißen Brühe oder Soße ziehen. Methode Nr. 2: Flüssigkeit erkalten lassen, die nun entstandene Fettschicht mit einer Schaumkelle abheben.

Estragon,
süßsäuerliches, mild herbes Würzkraut mit dem Soßen, Suppen, Kalbfleisch, Fisch, Spargel und Salate aromatisiert werden.

Fenchel,
auch Knollen- oder Gemüsefenchel. Läßt sich roh für Salate, gekocht als Gemüse verwenden. Fenchel schmeckt süßlich herzhaft. Getrockneter Fenchelsamen kann auch als Gewürz verwendet werden.

Fischbrühe
wird aus den Gräten der für das jeweilige Gericht verwendeten Fische hergestellt. Sie werden mit Lauch, Zwiebeln, Petersilienwurzeln oder -stielen, Lorbeer, Thymian und Knoblauch angedünstet, dann mit Weißwein abgelöscht und mit Wasser aufgefüllt. Nach dem Aufkochen mit Salz und Zitronensaft abschmecken und im offenen Topf bei geringer Hitze 20 bis 30 Minuten köcheln lassen. Der dabei aufsteigende Schaum wird mehrmals abgeschöpft. Zum Schluß gießt man die Brühe durch ein sauberes Tuch.

Fischfond,
siehe Fischbrühe.

Flambieren,
auch: Abflämmen; mit hochprozentigem Alkohol übergießen und entzünden. Dazu eignet sich vor allem Weinbrand, aber auch Obstwasser.

Fleischbrühe
wird zubereitet aus eineinhalb Liter Wasser, je 250 g Rindfleisch und Rinderknochen, Möhren, Lauch, Sellerieknolle, einer halbierten, an der Schnittfläche braun angerösteten Zwiebel, etwas Petersilienwurzel oder -stielen sowie einer Knoblauchzehe. Die Rinderknochen werden für eine Minute in kochendes Wasser gegeben, abgegossen, zusammen mit dem Rindfleisch in kaltem Wasser aufgesetzt und zum Kochen gebracht. Der aufsteigende Schaum wird abgeschöpft. Mit etwas Salz würzen und alles zweieinhalb bis drei Stunden köcheln lassen. Dann das Fleisch herausheben und das Gemüse sowie die Gewürzzutaten in der Brühe eine Stunde weiterköcheln lassen. Zum Schluß die Brühe durch ein sauberes Tuch gießen.

Fond
wird für die Zubereitung von Soßen benötigt. Die drei wichtigsten Grundfonds sind der braune Fond sowie der helle und der dunkle Kalbsfond. Alle werden im offenen Topf gekocht, damit sich der Geschmack durch das Verdampfen von Flüssigkeit intensiviert. Für den braunen Fond gehackte Kalbsknochen und -abschnitte (bzw. Lammknochen und -abschnitte für Lammfond), überbrühte Schwarten von Speck und Kochschinkenreste in etwas Öl anbraten. Dann wird Röstgemüse (siehe dort) dazugegeben und mitgebraten. Das überschüssige Fett abgießen und alles mit Wasser ablöschen. Die Flüssigkeit einkochen lassen, erneut Wasser angießen und diesen Vorgang so oft wiederholen, bis alles glänzt. Nun kaltes Wasser aufgießen, die Flüssigkeit aufkochen lassen und den dabei aufsteigenden Schaum und das oben schwimmende Fett abschöpfen. Etwas Salz zugeben und die Flüssigkeit vier Stunden im offenen Topf köcheln lassen. Dann einen Gewürzbeutel (Knoblauchzehe, Thymianzweig, Lorbeerblatt, Petersilienstiele oder -wurzel) dazugeben und alles eine weitere Stunde köcheln lassen. Zum Schluß wird der Fond durch ein sauberes Tuch gegossen. Für den hellen Kalbsfond werden die Kalbsknochen und -abschnitte für eine Minute in kochendes Salzwasser gegeben, dann unter kaltem Wasser abgespült und mit kaltem Wasser aufgesetzt; während des Aufkochens wird der Schaum mehrmals abgeschöpft. Alles zweieinhalb bis drei Stunden im offenen Topf köcheln lassen, nach dieser Zeit Möhren, Sellerie, Zwiebel, Lorbeerblatt, Gewürznelken, Thymianzweig, Knoblauchzehe, Lauch, Weißwein sowie etwas Salz hinzufügen und den Fond eine Stunde weiterkochen. Der Milchlammfond kann genauso hergestellt werden. Ein heller Geflügelfond wird auf die gleiche Art zubereitet, jedoch mit Kalbsknochen, Geflügelklein und einem Suppenhuhn.
Den dunklen Kalbsfond wie den braunen Fond zubereiten, allerdings mit Brühe ablöschen und später braunen Fond und Wasser aufgießen, Tomatenmark, Thymian und Lorbeer hinzufügen. Die Kochdauer beträgt vier Stunden. Den dunklen Geflügelfond wie einen dunklen Kalbsfond zubereiten. Ein Wildfond wird mit Wildknochen und -abschnitten, Wacholderbeeren, Röstgemüse, Wein und Wildbrühe auf die gleiche Art wie der braune Fond hergestellt. Der Bratenfond wird aus dem Saft, der beim Braten von Fleisch entsteht, gewonnen. Dieser wird mit eingekochter Fleischbrühe abgelöscht. Fischfond siehe Fischbrühe.

Forelle,
wohlschmeckender Süßwasserfisch. Die meisten frischen Forellen kommen als Regenbogenforellen oder Bachforellen aus heimischen Teichwirtschaften. Forellen in der Qualitätsstufe Edel-Forellen werden mit einem Portionsgewicht von 200 bis 350 g angeboten. Ab einem Gewicht von 500 g tragen sie die Bezeichnung Lachsforelle.

Geflügelbrühe,
siehe Fond.

Geflügelfond,
siehe Fond.

Geklärte Butter
wird für das Braten bei hohen Temperaturen benötigt. Die Butter zerlassen und so lange erhitzen, bis das Wasser verdampft ist. Die flüssige Butter durch ein Tuch gießen, in dem die Eiweißstoffe zurückbleiben, und die geklärte Butter in einem Gefäß auffangen. Anstelle von geklärter Butter kann auch Butterschmalz verwendet werden.

Gelatine,
erhältlich als durchsichtige weiße oder rote Blätter und als Pulver. Die Blätter werden etwa zehn Minuten in kaltem Wasser eingeweicht, vor Gebrauch kräftig ausgedrückt und in der heißen Speise oder in einer Suppenkelle, die man in heißes Wasser hält, aufgelöst. Das Pulver (Packungshinweise beachten) geliert stärker.

Gelee,
wird für das Rezept „Fleischpastete mit Gänseleber“ benötigt: einen halben Liter kräftig abgeschmeckte Rinderbrühe (siehe dort) mit zwei Eiweiß mischen und unter ständigem Rühren aufkochen lassen, bis das Eiweiß gerinnt. Durch ein Tuch gießen, so daß die Brühe klar wird. Vier Blatt in kaltem Wasser eingeweichte weiße Gelatine gut ausdrücken und in der heißen Brühe auflösen. Die Gelierflüssigkeit abkühlen lassen und noch flüssig in die Pastete gießen.

Gelierprobe
Sie wird durchgeführt, um festzustellen, ob das Gelee nach dem Kühlen die gewünschte Festigkeit hat. Einen Teelöffel voll Gelierflüssigkeit auf einen kleinen flachen Teller geben und in den Kühlschrank stellen. Nach wenigen Minuten prüfen, ob zusätzlich noch Gelatine hinzugefügt werden muß oder nicht.

Gemüsebrühe,
ein gesäubertes, in grobe Stücke geschnittenes Bund Suppengemüse sowie eine fein gewürfelte Schalotte werden in einem Viertelliter Wasser aufgekocht und etwa 25 Minuten bei geringer Hitze gegart. Anschließend wird die Brühe durch ein feines Sieb gegossen.

Glühwein,
aus einfachem Tafelrotwein mit Gewürzen hergestelltes Heißgetränk. Typische Glühweingewürze: Zimt, Gewürznelke, Zucker; die Mischung gibt es auch fertig in Teebeuteln zu kaufen.

Glutamat
Kurzbezeichnung für Natriumglutamat: Geschmacksverstärker für alle nicht süßen Lebensmittel.

Grieß,
im allgemeinen Weizengrieß, wird nach Korngröße – grob, mittel und fein – unterschieden. Je nach Weizenbeschaffenheit unterteilt man noch Hart- und Weichweizengrieß. Außerdem im Handel: Maisgrieß.

Grünkern,
im halbreifen Zustand geerntetes, vorsichtig gedörrtes Korn des Dinkels. Die Dinkelpflanze ist eng mit dem Weizen verwandt und wird in erster Linie in Süddeutschland angebaut. Erhältlich als ganze oder geschrotete Körner, als Grütze, Mehl und in Form von Grieß. Grünkern gibt als Mehl oder Grütze Suppen und Soßen eine grünlich-gelbe Farbe und einen angenehm würzigen Geschmack. Tip: Grünkern bekommt man am besten in Reformhäusern, Reformwarenabteilungen der Kaufhäuser und Bioläden.

Hagebutten,
korallenrote, ei- oder kugelförmige Früchte verschiedener Wildrosenarten. Roh sind sie wegen der Gerbstoffe ungenießbar. Die nach dem ersten Frost herbsüß-säuerlichen Fruchtschalen sind sehr Vitamin-C-haltig und lassen sich zu Mark, Mus, Marmelade, Konfitüre oder Likör verarbeiten.

Halbgefrorenes,
eine nicht hartgefrorene Eiercreme mit geschlagener Sahne, der Einlagen wie Früchte, Fruchtpürees, Schokoladenstückchen oder Löffelbiskuits, aber auch Mohn oder Lebkuchen zugegeben werden. Halbgefrorenes kann auch mit Mokka oder starkem Tee aromatisiert werden.

Harzkäse
oder Harzer Käse ist ein kalorienarmer Sauermilchkäse mit unterschiedlicher Form, einer

manchmal goldgelben, rötlich-klebrigen Oberfläche oder einer Weißschimmelrinde. Harzer Käse schmeckt je nach Reifegrad mild-pikant bis würzig-scharf. Ähnliche Sorten: Mainzer Handkäs, Bauernhandkäse, Stangenkäse / Quargel.

Hase,
auch Feldhase, hat dunkles, würziges Fleisch mit feinem Wildcharakter. Die beste Fleischqualität haben Hasen im ersten Lebensjahr.

Heidschnucken,
kleine Schafrasse, die in der Lüneburger Heide zu Hause ist. Das Fleisch schmeckt sehr würzig und etwas wildartig. Heidschnuckenrücken gilt in Norddeutschland als besondere Delikatesse.

Hirn
Besonders empfehlenswert sind Kalbs- und Lammhirn. Beide benötigen eine kurze Garzeit, sind sehr zart und haben ein mildes Aroma. Hirn wird wie Bries vor der Zubereitung gehäutet, gewässert, dann kurz gebraten, gebacken oder für Füllungen und Aufläufe verwendet.

Hirse
Sammelbegriff für eine Reihe kleinkörniger Getreidearten mit hohem Proteingehalt. Geschälte Hirse ist mattgelb bis schwarzbraun. Auch in der feinen Küche gewinnt Hirse immer mehr an Bedeutung, beispielsweise für Süßspeisen und Aufläufe.

Innereien
Dazu zählen z. B. Herz, Leber, Lunge, Milz, Niere, Zunge, Hirn und Bries. Alle sind reich an Vitaminen der Gruppen A und B sowie an Eiweiß. In der feinen Küche werden Innereien von Kalb und Lamm wegen des köstlichen Aromas und ihrer Zartheit bevorzugt. Fester und kräftiger sind die vom Rind; Innereien vom Schwein haben einen deftigen Eigengeschmack. Bei den Geflügelinnereien spielt nur die Leber eine Rolle, alles übrige wird als Geflügelklein bezeichnet.

Kalbfleischbrühe
ist feiner als Rindfleischbrühe. Für die Zubereitung werden 800 g Kalbsknochen und -abschnitte für eine Minute in kochendes Wasser gegeben und kalt abgespült. Dann werden sie in eineinhalb Liter kaltem Wasser zum Kochen gebracht und bei geringer Hitze zunächst drei Stunden geköchelt. Nach dieser Zeit das Weiße einer Stange Lauch, eine Möhre, ein Stück Sellerieknolle, eine mit zwei Gewürznelken und einem Lorbeerblatt gespickte Zwiebel, eine kleine Knoblauchzehe, einen Zweig Thymian, etwas Salz und fünf Eßlöffel Weißwein dazugeben. Die Brühe eine Stunde lang weiterköcheln lassen und zum Schluß durch ein sauberes Tuch gießen.

Kalbsfond,
siehe Fond.

Karamelisieren,
geschmackliche und farbliche Veränderung von Zucker durch Erhitzen unter ständigem Rühren. Bei 160 Grad beginnt der Zucker zu bräunen. Steigt die Temperatur auf 180 Grad an, verdunkelt sich der Braunton. Man kann Zucker auch unter Zugabe von Wasser karamelisieren; dabei löst sich der Zucker sofort auf und verfärbt sich erst, wenn das Wasser langsam verdampft.

Kastanien
sind die Früchte des Edlen oder Echten Kastanienbaumes. Man unterscheidet nach der Qualität in drei Arten: Eß- oder Edelkastanien (September/Oktober); sie müssen schnell verzehrt werden, da sie nicht lange haltbar sind. Maronen (ebenfalls im September/Oktober erhältlich) halten sich länger. Dauermaronen werden im November gepflückt. Diese Sorte hält sich am längsten. Um an den feinen Kern unter der Schale zu gelangen, werden die Kastanien kreuzweise eingeritzt und für fünf Minuten in kochendes Wasser gelegt. Dann kann die Schale entfernt werden. Die innere Kastanienhaut muß ebenfalls beseitigt werden. Kastanien verwendet man für Füllungen, Suppen, Eintöpfe und als Beilage zu Wildgerichten.

Kerbel,
feines, leicht nach Anis schmeckendes Küchengewürz für Soßen und

Suppen. Die Blätter und Stiele werden gehackt oder zum Garnieren verwendet.

Knoblauch,
Zwiebelgewächs, bei dem die jungen Knollen am zartesten schmecken. Je älter sie werden, um so strenger wird der Nachgeschmack. Knoblauch enthält reichlich Vitamin A, B und C. In der feinen Küche wird er nur sehr sparsam verwendet.
Tip: Knoblauch nie in zu heißem Fett anbraten. Er verbrennt leicht und schmeckt dann bitter.

Konditorcreme
Einen Viertelliter Vollmilch, 50 g Zucker und eine halbe Vanillestange miteinander aufkochen. Die Vanillestange herausnehmen, das Mark herausschaben und wieder in die Milch geben. 50 g Zucker, 40 g Speisestärke, vier Eigelb und einen Viertelliter Milch vermischen. Nach und nach unter die kochende Milch rühren. Alles unter ständigem Rühren etwa ein bis zwei Minuten durchkochen lassen, bis eine Bindung entstanden ist. In eine Schüssel geben, mit Puderzucker bestäuben, damit sich keine Haut auf der Oberfläche der Creme bildet, und abkühlen lassen.

Kresse
Unter dieser Bezeichnung ist allgemein immer die Gartenkresse gemeint, die in kleinen Schachteln auf Nährboden in den Handel kommt. Sie schmeckt im Gegensatz zur Brunnenkresse (siehe dort) etwas schärfer.

Kümmel,
Samen des Kümmelkrautes. Würzt stark und muß deshalb vorsichtig dosiert werden. Kümmel paßt zu Weiß- und Rotkohl, Sauerkraut, Schweinebraten, Kartoffeln, Käse, Fisch und natürlich zu selbstgebackenem Brot. Als beste Kümmelsorte gilt der Hallesche Kümmel.

Läuterzucker,
aus Zucker und Wasser hergestellter flüssiger Sirup. Einen halben Liter Wasser zusammen mit einem Kilo Zucker zum Kochen bringen. Unter mehrmaligem Abschäumen sirupartig einkochen lassen. Läuterzucker hält sich, in Flaschen gefüllt, nahezu unbegrenzt.

Lebkuchengewürz,
Gewürzmischung aus Anis, Muskat, Nelken, Koriander, Piment und Zimt.

Liebstöckel,
wegen seines recht intensiven Suppengewürzaromas auch Maggikraut genannt. Die jungen, zarten Liebstöckelblättchen geben frisch gehackt auch Salaten eine besondere Note.

Lorbeer,
getrocknete Blätter des Lorbeerbaumes. Da der leicht bittere Lorbeergeschmack rasch dominiert, vorsichtig dosieren bei Fleischbrühe, Sauerbraten, Sauerkraut und Wildgerichten.

Majoran,
stark würzig und sehr intensiv schmeckendes Küchenkraut. Ähnlich ist Oregano, der wilde Majoran. Ideales Gewürz für Kartoffelsuppe, Tomatensoßen, Ente, Gans und Wildgerichte. Auch für fette Schweinebraten und für Innereien.

Marinade,
säurehaltiger, mit Gemüse, Gewürzen und Kräutern angereicherter Sud, in dem Fleisch oder Fisch eingelegt wird. Marinaden geben dem Fleisch Aromastoffe und machen es mürbe. Die in der Marinade enthaltene Säure lockert das Fleisch, so daß sich die Garzeit verringert.

Maßangaben,
die in diesem Buch verwendet wurden, und ihre Abkürzungen:

l	= Liter
ml	= Milliliter
cl	= Zentiliter
EL	= Eßlöffel
TL	= Teelöffel
g	= Gramm
kg	= Kilogramm
Msp	= Messerspitze
Prise	= die Menge, die zwischen zwei Fingerspitzen zu fassen ist.

Richtwerte:
Maß für einen normalen Eß- oder Teelöffel, gestrichen (!) voll:

Lebensmittel	EL	TL
Mehl	10 g	3 g
Speisestärke	10 g	5 g
Zucker	15 g	5 g
Salz	10 g	5 g
Fett	15 g	5 g
Öl	10 g	5 g
Puderzucker	10 g	3 g

Die Umrechnungstabelle für Flüssigkeiten:

1/8 l	=	125 ml
1/4 l	=	250 ml
1/2 l	=	500 ml
1 l	=	1000 ml
0,1 l	=	100 ml
1 cl	=	10 ml

Mehl,
wenn nicht anders vermerkt, handelt es sich stets um Weizenmehl. Die Zahl hinter dem Wort Type auf der Tüte gibt an, wieviel Milligramm Mineralstoffe in 100 g Mehl enthalten sind. Je höher die Typenzahl, um so mineralstoffhaltiger und dunkler ist das Mehl. Neben der Type 405 – dies ist das Universalhaushaltsmehl, die hellste unter den Sorten – und der häufigsten Type 550 gibt es noch zahlreiche Spezialmehle.

Milchlammfond,
siehe Fond.

Muskat
hat einen runden, starken Geschmack; besonders intensiv ist der von der frisch geriebenen Muskatnuß. Der rote Samenmantel der Muskatnuß wird Muskatblüte (Macis) genannt. Er wird bei der Ernte der Nüsse entfernt und getrocknet, schmeckt zarter und milder als die Muskatnuß und kommt meist gemahlen in den Handel.

Nelke,
auch Gewürznelke, ist sowohl im Ganzen als auch gemahlen zu verwenden. Gewürznelken sind stark aromatisch. Deshalb sollte man sie sparsam dosieren. Ideales Gewürz für Rotkohl, Fleisch- und Hühnerbrühe, Schweine- und Rinderbraten, Birnenkompott und für die gespickte Zwiebel.

Orangeat,
in Zuckerlösung kandierte Schale von bitteren Orangen und Pomeranzen; es schmeckt süß und gleichzeitig aromatisch bitter. Orangeat wird meistens zum Backen verwendet. Es ist eine wichtige Zutat bei der Zubereitung von Christstollen.

Oregano,
siehe Majoran.

Paprika
wird in Gemüse- und Gewürzpaprika unterteilt. Gemüsepaprika sind die grünen, roten oder gelben Schoten, die frisch auf den Markt kommen. In der feinen Küche werden in erster Linie enthäutete Paprikaschoten verwendet. Der Vorgang: Paprika teilen, die Kerne entfernen, die Schale kurz in heißes Öl oder in den auf 225 Grad vorgeheizten Backofen legen, bis sie sich leicht bräunt. Dann etwas abkühlen lassen und die Haut abziehen. Gewürzpaprika als Pulver gibt es von mild bis sehr scharf unter folgenden Namen: Delikateß-, Edelsüß-, Halbsüß- und Rosen-Paprika. Wenn im Rezept keine bestimmte Sorte genannt wird, sollte stets Edelsüß-Paprika verwendet werden.

Pastete,
eine salzige oder süße Füllung, die im Teigmantel in einer Pastetenform gebacken wird, wobei der Teigmantel wie eine schützende Hülle wirkt und Saft und Aroma der Füllung erhält. Von Terrinen spricht man, wenn eine Pastetenfüllung ohne Teigmantel in einer feuerfesten Form gebacken wird. Als Rollpasteten oder Galantinen werden Füllungen bezeichnet, die in Geflügelhaut, Aluminiumfolie oder ein Tuch gerollt und dann in Brühe oder Wasser gegart werden.

Pastetengewürz,
spezielle Mischung aus zehn oder mehr verschiedenen Gewürzen. Gibt es bereits als fertige Mischung zu kaufen. Wer sich selbst eine Universalmischung zusammenstellen will: je 10 g weiße und schwarze Pfefferkörner, Delikateß-Paprika, Lorbeerblatt, Nelken, je 8 g Thymian, Basilikum, Muskatnuß und -blüte, Ingwer und je 5 g Rosenpaprika und Majoran.

Pastetenteig,
für die Fleischpastete mit Gänseleber: 500 g Mehl in eine Schüssel sieben und 15 g Salz zugeben. Mit 250 g weicher Butter und 15 cl Wasser zu einem geschmeidigen Teig verkneten. Etwa zwei bis drei Stunden im Kühlschrank ruhen lassen, dann weiterverarbeiten.

Petersilie,
wichtigstes und bekanntestes deutsches Gewürzkraut mit hohem Vitamin-C-Gehalt. Petersilie wird glatt und kraus angeboten.

außerdem gibt es Petersilienwurzeln fürs Suppengrün. In der Küche wird in erster Linie die glatte Petersilie verwendet, weil ihr Aroma intensiver ist.

Pfannkuchen,
auch Eierkuchen. Steht auf Speisenkarten das Wort Crêpes, so handelt es sich um besonders dünne Pfannkuchen, auch Palatschinken genannt.

Pfeffer
wird getrocknet als roter, weißer und schwarzer Pfeffer angeboten; der schwarze ist am schärfsten. Daneben gibt es noch grünen und rosa Pfeffer. Der sehr scharfe Cayennepeffer wird aus getrockneten Chilischoten hergestellt, einer kleinfruchtigen Abart der Paprikaschoten. Dieser Pfeffer gehört zu den schärfsten Gewürzen.

Piment,
auch Nelkenpfeffer, riecht und schmeckt ein bißchen nach Pfeffer, Muskat, Zimt und Nelken. Piment wird auch Allgewürz genannt, weil man es so vielseitig verwenden kann. Für Fischsuppen, Kochfischsud, Schweine- oder Rinderbraten, Ochsenschwanzsuppe, Fleischbrühe, Wild, für kräftige Soßen und natürlich für die Weihnachtsbäckerei.

Pimpernell,
auch Pimpinelle oder Bibernelle, hat in frischem Zustand ein leicht nußartiges Aroma mit feiner Säure. Für Salate, Gurken-, Fisch- oder Lammgerichte.

Punsch
wurde von dem indischen Wort „pascha" abgeleitet, das „fünf" bedeutet. Zum Punsch gehören ursprünglich fünf Zutaten: Alkohol, Gewürze, Zitronensaft, Zucker, Tee oder Wasser. Die am häufigsten verwendeten Alkoholika sind Arrak, Rum, Weiß- oder Rotwein. Punsch wird fast immer heiß serviert.

Reh,
auch Rehwild. Am zartesten und wohlschmekkendsten ist das Fleisch von bis zu drei Jahre altem Wild. Später wird es grobfaserig, zäh und schwer verdaulich. Da das magere Fleisch beim Braten oder Schmoren leicht austrocknet, wird es meist mit Speck belegt oder umwickelt.

Rinderbrühe,
siehe Fleischbrühe.

Rindfleischbrühe,
siehe Fleischbrühe.

Röstgemüse,
eine Gemüsemischung aus gewürfelten Zwiebeln, Möhren, Knollensellerie und Petersilienwurzeln zum Ansetzen von dunklen Brühen und Fonds sowie zum Braten von Wild, Fleisch oder Geflügel, wobei das Röstgemüse erst nach dem Anbraten zugegeben wird. Die Größe der Gemüsewürfel richtet sich nach der Anbratzeit: je länger die Anbratzeit, um so größer die Würfel.

Rose abziehen,
küchentechnischer Fachausdruck für die Bindung einer Creme oder Soße mit Eigelb unter ständigem Rühren bei geringer Hitzezufuhr oder im Wasserbad. Die richtige Konsistenz ist folgendermaßen festzustellen: Holzlöffel in die zubereitete Masse tauchen, auf die daran haftende Creme blasen. Es muß eine rosenartige Form entstehen, die nicht wieder verläuft. Siehe auch Rezept „Bayerischer Beeren-Cocktail".

Rosmarin,
würzig-harzig schmekkendes Kraut mit intensivem Aroma. Es paßt gut zu deftigen Speisen wie Schweinebraten, zu Kaninchen, Geflügel und ist ein ideales Gewürz für Lammgerichte sowie für Gerichte, die mit Wein und Knoblauch zubereitet werden.

Safran,
würziges, leicht süßbitteres Gewürz, dessen Name vom arabischen Wort za'fran = gelb abgeleitet wurde. Safran färbt intensiv gelb. Er gilt als teuerstes Gewürz der Welt, da die Ernte sehr aufwendig ist. Zum Färben benötigt man nur eine winzige Menge. Erhältlich als Safranfäden oder -pulver. Beides wird vor der Verwendung meist in etwas heißer Flüssigkeit aufgelöst.

Sago,
gekörnte Speisestärke; wird in Deutschland vorwiegend aus Kartoffelmehl hergestellt. Sago ist geschmacksneutral und dient u. a. zum Andicken

von Suppen sowie von süßen Fruchtgrützen.

Salbei,
pikantes, leicht bitteres Gewürzkraut, das einen sehr starken Eigengeschmack hat. Salbei ist eines der wenigen Kräuter, die man mitkochen oder -braten kann.

Schlosserbuben,
süddeutsches Gericht aus Backpflaumen, die mit einem Teigmantel überzogen und fritiert werden. Anschließend wälzt man sie in Schokoladenspänen – damit werden die schwarzen Finger, die Schlosserbuben zwangsläufig bei der Arbeit bekommen, symbolisiert.

Schmoren,
kräftiges Anbraten und Bräunen in wenig Fett im offenen und anschließendes Fertiggaren unter Zugabe von Flüssigkeit (Brühe, Fond, Wasser, Wein) im geschlossenen Topf. Fertig gegart wird auf der Kochstelle oder im vorgeheizten Backofen.

Schnittlauch,
neben Petersilie das meistverwendete Küchenkraut in Deutschland. Schnittlauch ist sowohl mit dem Lauch als auch mit der Zwiebel verwandt. Da der Zwiebelgeschmack des Schnittlauchs nur sehr zart ist, kann er reichlich verwendet werden. Er paßt zu Pilzen, Gemüse, allen Salaten, Eier- und Fischgerichten sowie zu Suppen und weißen Soßen.

Stollen,
ein in einer speziellen Form (siehe bei Rezept „Eisstollen") gebackener gehaltvoller Kuchen mit reichlich Korinthen, Rosinen, Mandeln, Zitronat und Orangeat. Am beliebtesten ist der Christstollen; der berühmteste ist der Dresdner Stollen.

Strudel,
hauptsächlich als Süßspeise aus hauchdünnem Teig bekannt, der z. B. mit Äpfeln oder Quark gefüllt, zusammengerollt und dann gebacken wird. Es gibt aber auch pikante Varianten mit Fleisch- oder Gemüsefüllungen.

Thüringer Rostbratwurst,
saftige, lockere Bratwurst, die aus einem Teil Kalbfleisch und zwei Teilen gut durchwachsenem Schweinefleisch hergestellt wird.

Thymian,
auch Römischer Quendel. Ein Gewürzkraut mit kräftig scharfem Geschmack, das in Kräutersträußchen für Suppen, Soßen und Fonds nicht fehlen darf. Etwas zarter im Geschmack ist der Zitronenthymian.

Tranchieren,
fachgerechtes Zerlegen (siehe dort) von Geflügel.

Trüffel,
teuerster Pilz der Welt, von Brillat-Savarin „Diamant der Küche" genannt, entwickelt frisch einzigartige Geschmacks- und Geruchsqualitäten. Trüffeln werden auch heute noch mit Hilfe von abgerichteten Hunden oder durch Schweine aufgespürt. Es wird zwischen den feineren schwarzen und den geschmacklich etwas derberen weißen Trüffeln unterschieden. Trüffelsaft nennt man die Flüssigkeit, in der Trüffeln konserviert werden.

Truthahn,
auch Puter genannt. Deutsches Truthahnfleisch (Brust, Keule usw.) wird überwiegend schlachtfrisch angeboten. Truthahnfleisch ist von Natur aus zart und fettarm. Damit es beim Braten saftig bleibt und nicht austrocknet, empfiehlt es sich bei längerer Bratzeit, einige Speckscheiben daraufzulegen. Sehr beliebt sind die fünf bis sechs Monate alten Baby-Puten. Sie haben ein Gewicht von zwei bis vier Kilo, und ihre Bratzeit beträgt etwa zwei bis drei Stunden.

Vanille,
auch Vanillestange; Fruchtschote einer tropischen Orchideenart, die gepflückt wird, bevor sie völlig ausgereift ist. Das Vanillemark, das sich im Innern der Schote befindet, würzt am aromatischsten. Bekannteste Sorte: Bourbon-Vanille.

Vanillesoße
Einen Viertelliter Vollmilch zusammen mit dem Mark einer Vanilleschote aufkochen lassen. 125 g Zucker und vier Eigelb schaumig rühren. Nach und nach die heiße Vanillemilch unterrühren. Unter ständi-

gem Rühren bis zur Bindung erhitzen, aber nicht kochen, weil sonst das Eigelb gerinnt. Die Soße durch ein feines Sieb gießen und etwas geschlagene Sahne unterheben.

Wacholderbeeren,
auch Machandelbeeren; leicht bittere, etwas harzig schmeckende Beeren, die getrocknet in den Handel kommen. Ideales Gewürz für Wild, Marinaden und für Sauerkraut.

Wasserbad
Empfindliche Soßen oder Cremespeisen, die als Zutaten Butter, Eier oder Sahne enthalten, können durch starke Hitze leicht gerinnen oder anbrennen. Deshalb bereitet man sie in einem Wasserbad zu. Man hängt das Gefäß, in dem sie zubereitet werden, in einen Topf mit heißem Wasser, wobei der Topfboden nicht berührt werden darf. Ideal sind doppelwandige Spezialtöpfe, sogenannte Simmertöpfe, die das herkömmliche Wasserbad ersetzen. Puddings oder Aufläufe, die in einem Wasserbad im Backofen gegart werden, stellt man in die mit Wasser gefüllte Fettfangschale, ein tiefes Backblech oder auf den Boden eines entsprechend großen Topfes mit hitzebeständigen Griffen. Die Förmchen sollten zur Hälfte im Wasser stehen.

Weizen,
wichtigstes Brotgetreide der Welt. Besonders viele wertvolle Bestandteile enthalten Weizensprossen. Dies sind gekeimte Weizenkörner, die gern für Salate verwendet werden.

Wildbrühe, Wildfond,
siehe Fleischbrühe oder Fond.

Zerlegen,
auch Tranchieren genannt, ist der Fachausdruck für das sachgerechte Zerschneiden von Geflügel. Ob es sich um Hähnchen, Ente oder Truthahn handelt – zuerst werden immer die Keulen herausgetrennt, indem man mit einem sehr scharfen Messer die Haut an der Innenseite der Keule einschneidet, dann das Gelenk durchtrennt und die Keule vom Körper löst. Ebenso werden die Flügel herausgeschnitten. Dann wird das Fleisch von beiden Seiten des Brustknochens abgelöst und in breite Streifen (Tranchen) geschnitten. Man kann das Geflügel auch mit einer Geflügelschere entlang des Brustbeins halbieren.

Zimt,
auch Canehl; von der Borke befreite Innenrinde des tropischen Zimtbaumes. Zimt kommt in Stangenform oder gemahlen in den Handel. Wesentlicher Bestandteil der Lebkuchen- oder Printengewürzmischung.

Zitronat,
kandierte Fruchtschale der Zitronatzitrone; meist gewürfelt. Wird besonders bei der Herstellung von Stollen und anderem Weihnachtsgebäck verwendet.

Register